A PARIS,

De l'Imprimerie de P. VITRAY,
& H. BLAN-VILAIN.

M. DCIIII.

LE
BOCAGE ROYAL

DE P. DE RONSARD,
GENTIL-HOMME
Vandomois.

DEDIE'

A HENRY III. ROY DE
France et de Pologne.

Non quiuis videt immodulata poëmata Iudex.

TOME IIII.

PORT9 · OMNIA
MEA · MECVM

A PARIS,

Chez Nicolas Buon, au Mont S. Hilaire,
à l'enseigne Sainct Claude.

1604.

AVEC PRIVILEGE DV ROY.

EMANHN ... ΙΟΛΝ

Tel fut Ronsard autheur de cest ouurage,
Tel fut son œil, sa bouche & son visage,
Portrait au vif de deux crayons diuers:
Icy le corps, & l'esprit en ses vers.

Comme vn Seigneur praticq & soigneux du
    mesnage
Regarde en sa forest ou dedans son bocage
Mille arbres differents de fueilles & de fruict:
L'vn pour l'ouurage est bon, l'autre indocile fuit
La main de l'artizan: l'autre dur de racine.
Tantost va veoir la guerre, & tantost la marine:
L'autre est gresle & chancelle, & l'autre spatieux,
Ses bras durs & fueillus enuoye iusqu'aux Cieux:
Ainsi dans ce Bocage on voit de toutes sortes
D'arguments differents, comme tu les apportes,
O Muse! au laboureur qui sçait bien defricher
Ton domaine, & suant le cercler & becher
Prodiguant tes presens à celuy qui s'employe.
    Stace entre les Romains nous en monstra la voye:
Combien qu'il fust sans art, de fureur transporté:
Beaucoup plus empoullé que plein de Maiesté,
Car tous ceux qu'on oyt braire, & heurter à la porte
Des Muses, n'entrent pas en leur Temple, de sorte
Qu'il faut par long trauail se purger & lustrer
De nuict en leur fontaine auant que d'y entrer,
S'initier nouice en leur dance priuce:
» Le labeur assidu force toute couruee.

                        A ij

HENRICVS · III · DEI · G · FRANC · ET · POLONIÆ REX · 1586

Voicy du Roy HENRY troisiesme l'image,
Qui mesprisa sa vie, ennemis & dangers,
Qui pratiqua les meurs des peuples estrangers,
Prince tout bon, tout sainct, tout vaillant &
tout sage.

LE BOCAGE ROYAL,

CONSACRÉ A HENRY III.
Roy de France & de Pologne.

PANEGYRIQVE DE LA
Renommee, audit Seigneur Roy.

Out le cœur me debat d'vne frayeur
    nouuelle:
I'entens deſſus Parnaſſe Apollon qui
    m'appelle,
I'óy ſa Lyre & ſon arc bruler à ſõ coſté,
Quelque part que mon pied vagabond ſoit porté,
Ses Lauriers me font place, & ſens ma fantaſie
Errante entre les Dieux ſe ſouler d'Ambroſie.
Fuyez peuple fuyez : des Muſes fauory
I'entre ſacré Poëte au Palais de HENRY
Pour chanter ſes honneurs : afin que dés l'Aurore,
De l'Occident, de l'Ourſe & du riuage More
Sa vertu ſoit cogneuë, & qu'on cognoiſſe auſſi
Qu'vn ſi grand Prince auoit mes chanſons en ſoucy.

    I'ay les yeux esblouys, tout le cerueau me tremble,
I'ay l'eſtomac panthois, i'auiſe ce me ſemble
Sur le haut des citez vne femme debout,
Qui voit tout, qui oyt tout, & qui declare tout.
Elle a cent yeux au front, cent oreilles en teſte,
Dans les pointes du Ciel ſon viſage elle arreſte,

                A iij

Et de ses pieds en terre elle presse les monts,
Vne trompette enflant de ses larges poumons.

   Ie voy le peuple à foule accourir auprés d'elle,
,, Le peuple volontiers se plaist d'vne nouuelle.
Elle va commencer il m'en faut approcher:
,, Le temps ne se doibt perdre, il n'y a rien si cher.

   Peuple qui m'escoutez pendus à ma parole,
N'estimez mes propos d'vne femme qui vole:
Mais que chacun y donne aussi ferme credit
Que si les Chesnes vieux d'Epire l'auoient dit.

   La deesse ennemie aux testes trop superbes,
Qui les grandeurs egale à la basseur des herbes,
Qui dédaigne la pompe & le fard dés humains,
A chastié l'orgueil des François par leurs mains.

   Eux arrogans de voir leurs voiles trop enflées,
Du vent de la Fortune heureusement soufflées,
D'abonder insolens en succez de bon-heur,
D'obscurcir leurs voisins d'Empires & d'honneur,
Geans contre le Ciel d'vne audace trop grande
N'auoiët crainte de Dieu qui aux Sceptres cõmãde,
A i is contre sa grandeur obstinant le soucy,
Auoient contre sa main le courage endurcy:

   Quand la bonne Adrastie en vengeant telle iniure
Citez contre citez de factions coniure,
Fit le soc & le coutre en armes transformer,
De leurs vaisseaux rompus paua toute la mer,
Les playes de leurs os, renuersa leurs murailles,
Et mit leur propre glaiue en leurs propres entrailles:
Si que leur sang vingt ans aux meurtres à fourny,
Et Dauid ne vit onq son peuple si puny.

   Maintenant la Déesse incline à leur priere
Douce ne iette plus leurs plaintes en arriere,

'Ains pour guarir nos maux, no° fait preset d'vn Roy
Qu'en lieu de Iupiter le Ciel voudroit pour soy:
Qui par mille vertus en son ame logees,
Des Rois ses deuanciers les fautes a purgees
Ainsi qu'vne victime expiant le forfaict
Que le peuple a commis, & qu'elle n'a pas fait.

　　Encor que la Nature en naissant l'ait fait Prince
Monarque d'vne grande & fertile Prouince,
Qu'il ait dés son enfance auec le laict sucé
L'honneur qui son renom aux astres a poussé,
Voire & que sa vertu qui la terre enuironne,
Luy mette sur le front vne double Couronne:
Encor qu'en sa ieunesse, auant que son menton
Le frisast de la fleur de son premier cotton,
Ait (chargé du harnois) deux batailles gaignees
Remis sur les autels les Messes dédaignees,
Rendu la reuerence aux Images brisez,
Assemblez en accord ses peuples diuisez,
Et sans bouffir son cœur d'vne noire colere
A tous se soit monstré non pas Prince, mais pere,
Il ne doit se fascher si le publique son
De ma trompe luy chante encore vne chanson.

　　Le Prince genereux doit les oreilles tendre,
Et d'ire ne s'enfler quand on le veut apprendre.
,, Dieu ne se voit iamais par la faute assaillir:
,, Le naturel de l'homme est souuent de faillir.

　　Au retour du pays où va soufflant Boree,
Il trouua sa Couronne en sectes separee,
L'vn tenant cest article, & l'autre cestuy-là:
Mais si tost que son front en France estincela
Rayonnant de vertu, chacun à son exemple
Embrassa nostre Eglise & mesprisa le Temple,

　　　　　　　　　　　A iiij

Et des nouueaux prescheurs ne fut plus curieux,
Zelateur de son Prince & de ses bons ayeux.

  Si tost le gouuernal ne tourne la nauire
Errante au gré du vent, que le peuple se vire
Vers les mœurs de son Prince, & tasche d'imiter
Le Roy qui va deuant afin de l'inuiter.
Ny prison, ny exil, ny la fiere menace
De la corde, ou de feu, ny la loy, ny la face
Du Senat empourpré ne poussent tant les cœurs
Du peuple à la vertu, que font les bonnes mœurs
Du Prince venerable, & quand le Sceptre egale
La bonne & iuste vie à la force Royale.

  Pour atteindre au sommet d'vne telle equité
Il faut la pieté ioincte à la charité,
Et la religion dont reliez nous sommes,
Tant elle est agreable & aux Dieux & aux hômes,
  La loy (toile d'areigne) est trop foible, & ne peut
Le Prince enuelopper, si luy-mesme ne veut
S'en-rheter de bon cœur la croyant, estre faite
De Dieu, & non de l'homme à plaisir contresaite,
S'il ne la garantist, si premiere ne la suit,
Si luy-mesme & les siens par elle ne conduit.

  Quand le ieune Phenix sur son espaule tendre
Porte le lict funebre & l'odoreuse cendre,
Reliques de son pere, & plante en appareil
Le tombeau paternel au temple du Soleil:
Les oyseaux esbahis en quelque part qu'il nage
De ses ailes ramant, admirent son image,
Non pour luy voir le corps de mille couleurs peint,
Non pour le voir si beau, mais pource qu'il est saint
Oiseaux religieux aux Manes de son pere,
Tant de la pieté Nature bonne mere

A planté dés le naistre en l'air & dans les eaux
La viuace semence és cœurs des animaux!

Donques le peuple suit les traces de son maistre:
Il pend de ses façons, il imite & veut estre
Son disciple, & tousiours pour exemple l'auoir,
Et se former en luy ainsi qu'en vn miroir.

Cela que le soudar aux espaules ferrees,
Que le cheual flanqué de barbes acerees
Ne peut faire par force, Amour le fait seulet
Sans assembler ny camp ny vestir corcelet.
Les vassaux & les Rois de mutuels offices
Se combatent entr'eux, les vassaux par seruices,
Les Rois par la bonté: le peuple desarmé
Aime tousiours son Roy quand il s'en voit aimé.
Il sert d'vn franc vouloir, quand il n'est necessaire
Qu'on le face seruir: plus vn Roy debonnaire
Luy veut lascher la bride & moins il est outré,
Plus luy-mesmes la serre & sert de son bon gré,
Se met la teste au ioug sous lequel il s'esforce,
Qu'il secou'roit du cols on luy mettoit par force.

C'est alors que le Prince en vertus va deuant,
Qu'il monstre le chemin au peuple le suiuant,
Qu'il faict ce qu'il commande & de la loy supréme
Rend la rigueur plus douce obeyssant luy-mesme,
Et tant il est d'honneur & de loüange espoinct,
Que pardonnant à tous ne se pardonne point.

Quel suiet ne seroit deuot & charitable
Sous vn Roy pieteux? quel suiet miserable
Voudroit de ses ayeux consommer les thresors
Pour homme effeminer par delices son corps
D'habits pompeux de soye elabourez à peine,
Quand le Prince n'auroit qu'vn vestement de laine?

Et qu'il retrancheroit par edicts redoutez
Les fertiles moissons des ordes voluptez
Choppant comme Hercules l'Hydre infame des vices
Par l'honneste sueur des poudreux exercices?

    A forcer par les bois vn Cerf au front ramé,
Enferrer vn Sanglier de defenses armé,
Voir leureter le Liéure à la iambe peluë,
Voir pendre les Faucons au milieu de la nuë,
Faire d'vn pied legier poudroyer les sablons,
Voir bondir par les prez l'enflure des ballons,
A porter le harnois, à courir la campaigne,
A domter sous le frein vn beau Genet d'Espaigne,
A saulter, à lutter d'vn bras fort & vouté,
Voilà les ferremens trenchans l'oisiueté.

    Mais porter en son ame vne humble modestie,
C'est à mon gré des Rois la meilleure partie.
Le Prince guerroyant doit par tout foudroyer:
Celuy qui se maintient doit bien souuent ployer.
L'vn tient la rame au poing, l'autre espie à la hune:
En l'vn est la prudence, en l'autre est la fortune.
„Tousieurs l'humilité gaigne le cœur de tous:
„Au contraire l'orgueil attize le courrous.

    Ne vois-tu ces Rochers rempars & la marine?
Grondant contre leurs pieds tousiours le flot les mine,
Et d'vn bruit escumeux à l'entour aboyant,
Forcenant de courroux, en vagues tournoyant
Ne cesse de les batre, & d'obstinez murmures
S'opposer à l'effort de leurs plantes si dures,
S'irritant de les voir ne ceder à son eau.

    Mais quand vn mol sablon par vn petit morceau
Se couche entre les deux, il flechit la rudesse
De la mer, & l'inuite ainsi que son hostesse

A loger en son sein : alors le flot qui voit
Que le bord luy faict place en glissant se recoit
Au giron de la terre appaise son courage,
Et la lichant se iouë à l'entour du riuage.

La Vigne lentement de ses tendres rameaux
Grimpe s'insinuant aux festes des Ormeaux,
Et se plye à l'entour de l'estrangere escorce
Par amour seulement, & non pas par la force:
Puis mariez ensemble, & les deux n'estant qu'vn
Font à l'herbe voisine vn ombrage commun.

La peste des grans Rois sont les langues flateuses,
Esponges & corbeaux des terres souffreteuses:
Mais le mal le plus grand qu'vn Prince puisse auoir,
C'est quand il hait le liure, & ne veut rien scauoir.

Le Roy dont ie vous parle & que le Ciel approuue
Iamais en sa maison l'ignorance ne trouue,
Ayant fait rechercher (d'vne belle ame espris)
Par tout en ses pays les hommes mieux appris,
Pres de luy les approche, & les rend venerables,
S'honorant d'honorer les hommes honorables:
De parole il les louë, & de biens auancez
Comme ils le meritoient les a recompensez.

Il a voulu scauoir ce que peut la Nature,
Et de quel pas marchoit la premiere closture
Du Ciel, qui tournoyant se ressuit en son cours,
Et du Soleil qui faict le sien tout au rebours.

Il a voulu scauoir des Planetes les dances,
Tours, aspects & vertus, demeures & distances:
Il a voulu scauoir les cornes du Croissant,
Comme d'vn feu bastard il se va remplissant,
Second Endymion amoureux de la Lune.

Il a voulu scauoir que c'estoit que Fortune,

A vj

Que c'estoit que Destin, si les influxions
Des Astres commandoient à nos complexions.
    Puis descendant plus bas sous le second estage
Il a cognu du Feu la nature volage,
Il a pratiqué l'Air combien il est subtil,
Comme il est nourrissier de ce Monde fertil,
Comme il est imprimé de formes differentes.
    Il a cognu la Foudre & ses fleches errantes
D'vn grand bruit par le vague, & si le Soleil peint
L'arc au Ciel en substance, ou s'il apparoist feint.
    Puis il a faict passer son esprit sous les ondes,
A cognu de Thetis les abysmes profondes,
Et du vieillard Protee a conté les troupeaux:
Il a cognu le flot & le reflot des eaux,
Si la Lune a credit sur l'element humide,
Ou si l'ame de l'Eau d'elle mesme se guide,
Eslancant son esprit des terres à l'entour
Pour ne viure en paresse & cropir en seiour.
    Puis venant sur la terre a visité les villes
Les hommes & leurs mœurs & leurs reigles ciuilles,
Pour sçauoir à son peuple en vertus esclairer,
Pour luy lascher la bride ou pour la luy serrer,
Cognoissant par effect toutes vertus morales.
    Puis entrant sous la terre aux caues infernales
A cherché les metaux, & d'esprit diligent
Cogneu comme se fait l'or, le plomb & l'argent,
Quelle humeur les engendre és veines de la terre,
Et le cuiure & le fer instrumens de la guerre.
    Puis d'vn si haut trauail se voulant soulager,
Et d'vn docte Laurier ses temples ombrager,
Prenant le Luth en main que dextrement il guide,
Se va seul recréer en l'antre Pieride,

Toutes les fleurs d'Euterpe attachant à son front.
Apollon qui l'escoute & les Muses qui vont
Dansant autour de luy, l'inspirent de leur grace,
Soit qu'il vueille tourner vne chanson d'Horace,
Soit qu'il vueille chanter en accords plus parfaicts
Les gestes martiaux que luy mesmes a faicts
Imitateur d'Achille, alors que l'ire outree
L'enflammoit en sa nef contre le fils d'Atrec,
Et que le Priamide aiguisant ses souldars
Rompoit d'vn grand caillou la porte des Rampars.

Nul Prince n'eut iamais l'ame si valeureuse,
Ny si doué du Ciel d'vne memoire heureuse.
De miel en son berceau la Muse l'arrousa,
Pithon en l'allaittant sa bouche composa
D'eloquence nayue, afin de faire croire
Aux souldars ce qu'il veut pour gaigner la victoire,
Ou pour prescher son peuple, & par graues douceurs
Leur tirer de sa voix par l'oreille les cœurs
Comme son deuancier Hercule dont la langue
Enchaînoit les Gaulois du fil de sa harangue.

Nul Prince, tant soit grand, n'a le bruit auiour-
d'huy
De mieux recompenser ses seruiteurs que luy,
Ny faire tant l'honneur à leurs cendres funebres,
Les rappellant au iour en despit des tenebres:
Roy qui ne peut les siens ny viuans oublier,
Ny quand la mort les vient de leurs corps deslier,
Fauorisant les vns de ses faueurs premieres,
Les autres d'oraisons, de vœuz & de prieres.

Quand la Parque ennemie aux Vallois nous rauit
Charles, Astre du Ciel par toute France on vit
Les Muses se cacher : Phœbus n'osoit rien dire,

A vij

Ny le Dieu voyageur inuenteur de la Lyre:
Les Lauriers estoient secs, sec le bord Pimpleàn,
Le silence effroyant tout l'antre Cyrrhean:
De limon & de sable, & de bourbe estoupee
Claire ne couroit plus la source Aganippee.
Les Muses maintenant honorans son retour,
Couuertes de bouquets osent reuoir le iour:
Phœbus n'a plus la main ny la voix refroidie,
Et des Lauriers fanis la teste est reuerdie,
Voyant ce grand HENRY des peuples conquereur
Les aymer & se plaire en leur douce fureur,
Et d'vne ardeur qui vit d'Apollon toute pleine,
Faire parler Thespie, & sourcer sa fontaine.

Nul Poete François des Muses seruiteur
Ne presenta iamais ouurage à sa hauteur,
Qu'il n'ait recompensé d'vn present magnifique,
Honorant le bel art que luy-mesmes pratique,
Et ne l'ait caressé d'accollades ou d'yeux,
Inuitant l'artizan à faire encores mieux.

Tels estoient les bons Rois de l'âge plus fleuria,
Numa le Sacerdote instruit par Egerie:
Tel estoit Numitor, & ses peres Romains
Qui auoient du labeur les ampoulles és mains:
Tel Eufrate emplamé de son riuage humide
Vit Salomon regner sur le throne Isacide,
Dont les Sceptres estoient des peuples redoutez
Par la loy que portoient leurs glaiues espointez,
Ayant en lieu du fer la douceur pour leur marque.

Tel fut le Roy François des lettres le Monarque,
Tel est ce bon HENRY, qui Prince tres-humain
Porte de ses subiects tous les cœurs en sa main,
Ny corseletz ferrez, ny targues ny heaume,

Ny cheuaux ny soudars ne gardent son Royaume,
Ny fossez ny rempars, mais la seule vertu
Qui le peuple combat sans estre combatu.

Au contraire Alexandre affamé d'auarice,
Enflé d'ambition qui reduit au seruice
Le Sceptre Persien, & qui fit son harnois
Luire comme vne foudre aux terres des Indois,
Et ces fiers Empereurs de la maistresse Romme
Qui couuroyent vn aspic sous la forme d'vn hôme,
Estans Princes cruels eurent cruelle fin
Ou par le fer meurtier, ou par le froid venin
Ont espanché leur vie, & morts sans sepulture,
Ont esté des corbeaux & des chiens la pasture,
Sans auoir le loisir que les cheueux grisons
Vinssent blanchir leur teste en leurs propres maisons.

Le bon Prince Traian & le bon Marc Aurelle
Ont vieillars accomply leur vie naturelle,
Ont veu pour leur trespas la Republique en pleurs,
Et leurs tombeaux couuers de cheueux & de fleurs.

Nature qui peut tout, dont le ventre deserre
Le germe d'vn chacun, ne fait naistre sur terre
Rien si parfaict qu'vn Roy modeste & moderé,
Au poids de la vertu iustement mesuré.
Seul entre les humains il a peinte au visage
De Dieu la venerable & redoutable image:
Il en est le mirouer : si par vn vilain traict,
De l'image qu'il porte il souille le pourtraict,
Si quelqu'vn le diffame, empoisonne ou massacre,
Dieu ialoux de l'honneur de son saint simulacre,
Punira le forfaict sans laisser impuny
D'extremes chastimens ceux qui l'auront honny,
Et ne souffrant en terre vn seul pas de sa trace,

Perdra luy, ses enfans, sa maison & sa race,
Puis moy qui de ma langue annonce verité,
En chanteray l'histoire à la posterité.

Ainsi dist la Déesse, & de sa bouche ronde
Enuoya de HENRY les honneurs par le Monde.

A LVY-MESME.

S I l'honneur de porter deux sceptres
    en la main,
Commander aux François & au
    peuple Germain,
Qui de l'Ourse sarmate habite la contree:
Si des Venitiens la magnifique entree,
Si auoir tout le front ombragé de Lauriers,
Si auoir pratiqué tant de peuples guerriers,
Tant d'hômes, tant de mœurs, tant de façons estrages,
Si reuenir chargé de gloire & de louanges,
Si ia comme vn Cesar conceuoir l'Vniuers,
Vous a fait oublier le chanter de ces vers,
Roy dont l'honneur ne peut amoindrir ny accroistre,
Sans vous dire son nom vous le pourrez cognoistre.

C'est Prince c'est celuy qui d'vn cœur courageux
Grimpa dessus Parnasse en croupes ombrageux,
Importunant pour vous les filles de Memoire,
Quand Dieu pres de Iarnac vous donna la victoire
Quand vostre bras armé fut le iour des François,
Quand la Charante fleuue au peuple Sainctongeois
Vous veit presque sans barbe, ainsi qu'vn ieune
    Achille,
Foudroyer l'ennemy sur sa riue fertile.

Remirant en ses eaux vos armes & l'esclair
De vostre morion & de vostre bouclair,
Qui flamboyent tout ainsi que fait vne Comete,
Qui glissant par le Ciel d'vne crineuse traite
Tombe dessus vn champ, & va signant les Cieux
De cheueux rougissant d'vn feu presagieux.

Ce fut quand vostre main à craindre côme foudre,
De la gent Huguenotte ensanglanta la poudre:
Quãd nos Autels sacrez reuirent leurs bons Saincts,
Quand de nos ennemis les estandars depeincts,
Et tous relents de sang, pour immortels exemples,
D'vn long ordre attachez pendirent à nos Temples.

Encore qu'vn tel acte illustre de bon-heur,
Eust deu trouuer à l'heure vn superbe sonneur
Qui d'vn bruit heroïque eust enflé les trompetes:
Si est ce que la voix des plus braues Poëtes
De peur fut enroüée, & le vent de leur sein
Ne sortit pour enfler la trompette d'airain,
Chacun craignant sa vie en saison si douteuse:
Où celuy sans trembler d'vne crainte honteuse,
Qui vous escrit ses vers, asseuré vous chanta:
Sur le haut d'Helicon vos trionfes planta:
Et si en combatant vostre lance sceut poindre,
Celebrant vos honneurs sa langue ne fut moindre,
Oeuure si agreable à vous Prince veinqueur,
Que vous loüastes l'Hynne & l'appristes par cœur.

Mais quand toute la France à tromper bien aisée
D'ardentes factions & de guerre embrasée
Estoit sous le razouer, & l'horrible mechef,
Soustenu d'vn filet nous pendoit sur le chef,
Et la victoire neutre errant entre les armes
Partizanne esbranloit le cœur de nos gens-d'armes,

Incertains qui seroit par la faueur des Cieux
Des deux camps si puissant le seul victorieux.
    Vous pour sauuer le Sceptre, & nos Saincts tute-
        laires,
Nos Autels, nos maisons, vous-mesmes & vos freres,
Et vostre mere, helas! que de peur fremissoit,
Et tout le Ciel pour vous d'oraisons emplissoit:
    Vous dy-ie en-orgueilli de forces animées,
Au pres de Montcontour campastes vos armées
Liurastes la bataille, où Dieu vous regardoit,
Et sa Croix dessus, vous I E S V S-C H R I S T esten-
    doit.
    Là furent enuoyez par vos mains martiales
Seize mille mutins aux ombres infernales
Victime de Pluton: si que tout Montcontour,
La riuiere de Dine, & les champs d'alentour
Sonnoient dessous vos corps, qui paruerent les places,
Champs, chemins & guerets de puantes carcasses,
Et d'ossements de morts l'vn sur l'autre arrangez.
    Les sillons du pays en furent si chargez,
Voire si engraissez de charongneux carnages,
Et les ventres des chiens & des bestes sauuages
(Tombeau des ennemis) si gras & si refaits,
Qu'on ne peust egaler ce meilleur de vos faits
Au plus grand des Romains, tant merita de gloire
A l'extreme peril vne telle victoire.
    Celuy qui la chanta, raui d'esprit alla
Sur les bords de Permesse, aux Muses il parla,
Les entretint de vous, & vous fist vn tel Hymne,
Que Daurat grand sonneur de la Lire Latine
La daigna bien tourner, à fin qu'vn double vers
Semast vostre renom par ce grand Vniuers.

Vn iour qu'il celebroit le feu Roy voſtre frere,
Son Charles ſon ſeigneur, Prince tout debonnaire,
Le tançant luy diſoit, N'eſcriuez point de moy,
Eſcriuez de mon frere, eſcriuez de ſa foy,
Et comme ſa vertu prodigue de prouëſſe
S'immolant en mon lieu le Sceptre me redreſſe.

Admirant telle amour qu'au mõde on ne voit plus
Il baſtit de Caſtor le Temple & de Pollux,
Et vous le dedia pour remarque immortelle
D'vne rare amitié ſi ſainɛte & fraternelle.

C'eſt celuy qui pour vous en cent mille façons
Fit Sonnets & diſcours, Eclogues & chanſons,
Maſcarades, Tournois, & Chiffres & Deuiſes,
Et bref qui a chanté toutes vos entrepriſes.

Meſme à voſtre berceau quand encor vous pendiez
Ex bras de la nourrice, & vers elle tendiez
Les mains en vous ioüant, il priſt la hardieſſe
De vous ſonner vne Ode en ſi baſſe ieuneſſe,
Et faiſiez tout raui, la teſte ſou-leuant,
Semblant de voſtre front, de l'aller approuuant.
Quand vous fuſtes eſleu Monarque de Polongne,
Quand Dieu ſur voſtre teſte en poſa la Couronne,
Et qu'il fallut partir d'entre les bras aimez
De vos plus chers parens en larmes conſumez :
Qu'il vous fallut laiſſer le doux air de la France,
Capitaines, ſoldats, amis & cognoiſſance,
Que chacun vous ſuiuoit d'vne humble affeɛtion,
Il ne chanta iamais de telle Eleɛtion,
D'autant qu'elle emportoit des François la lumiere
Pour en pays eſtrange eſclairer la premiere.

Or' à voſtre retour, qui luiſt comme vn Soleil
Sortant de l'Ocean en flammes nonpareil,

Qui donne iour aux siens dissipant les tenebres,
Et de nostre feu Roy les complaintes funebres:
Il a gros d'Apollon celebré ce retour,
Les hommes volontiers honorent plus le iour
Que la nuict tenebreuse, & Vesper n'est si belle
Que l'Aurore au matin qui sort toute nouuelle:
Aussi vostre apparoistre aux François fait sentir
Plus d'allegresse au cœur que vostre departir.

　　Mais ainsi que le iour descoure toutes choses
Que l'ombre sommeilleuse en ses bras tenoit closes,
Brigandages, larcins, & tout ce que la nuit
Recele de mauuais quand le Soleil ne luit:
Ainsi nous esperons que les guerres ciuiles,
Licences de soldats, saccagemens de villes,
Qui regnoient sans frayeur de vostre Majesté,
S'enfuyront esblouis dauant vostre clairté.

　　Chacun d'vn œil veillant nos actions contemple:
Vous estes la lumiere assise au front du Temple.
Si elle reluit bien, vostre Sceptre luira;
Si elle reluit mal, le Sceptre perira.
„ Il faut bien commencer: celuy qui bien commence,
„ Son ouurage entrepris de beaucoup il auance.
Sire, commencez bien à vostre aduenement,
De tout acte la fin suit le commencement.
Il faut bien enfourner: car telle qu'est l'entrée,
Volontiers telle fin s'est tousiours rencontrée.

　　Vous ne venez en France à passer vne mer
Qui soit tranquille & calme & bonasse à ramer:
Elle est du haut en bas de factions enflée,
Et de religions diuersement soufflée:
Elle a le cœur mutin, toutefois il ne faut
D'vn baston violant corriger son defaut,

Il faut auec le temps en son sens la reduire:
D'vn chastiment forcé le meschant deuient pire.

Il faut vn bon timon pour se sçauoir guider,
Bien calfeutrer sa Nef, sa voile bien guinder:
La certaine Boursolle est d'addoucir les tailles,
Estre amateur de paix, & non pas de batailles,
Auoir vn bon Conseil, sa Iustice ordonner,
Payer ses creanciers, iamais ne maçonner,
Estre sobre en habits, estre Prince accointable,
Et n'ouyr ny flateurs ny menteurs à la table.

On espere de vous comme d'vn bon marchand,
Qui vn riche butin aux Indes va cherchant,
Et retourne chargé d'vne opulente proye,
Heureux par le trauail d'vne si longue voye:
Il rapporte de l'or, & non pas de l'airain.
Aussi vous auriez fait si long voyage en vain,
Veu le Rhin, le Danube, & la grand' Allemaigne,
La Pologne que Mars & l'Hyuer accompaigne,
Vienne qui au Ciel se braue de l'honneur
D'auoir sceu repousser le camp du Grand-Seigneur,
Venise mariniere, & Ferrare la forte,
Thurin qui fut Francois, & Sauoye qui porte
Ainsi que fait Atlas, sur sa teste les Cieux:
En vain vous auriez veu tant d'hômes, tant de lieux,
Si vuide de profit en vne barque vaine
Vous retourniez en France apres si longue peine.
Il faut faire, mon Prince, ainsi qu'Vlysse fit,
Qui des peuples cognus sceut faire son profit.

Mais quoy? Prince inueincu, le sort ne m'a fait estre
Si docte que ie puisse enseigner vn tel maistre:
En discours si hautains ie ne doy m'empescher,
Et ne veux faire icy l'office de prescher,

Ma langue se taira : vos sermons ordinaires,
La complainte du peuple, & vos propres affaires
Vous prescheront assez : ce papier seulement
S'en-va vous saluer & sçauoir humblement
De vostre Maiesté, si vous son nouueau maistre,
Le pourrez par sa Muse encores recognoistre.

  Il n'a pas l'Italie en poste trauersé
Sur vn cheual pouβif, suant & haraβé,
Qui a cent fois tombé son maistre par la course:
Il n'a vendu son bien à fin d'enfler sa bourse
Pour vous aller trouuer, & pour parler à vous,
Pour vous baiser les mains, embraβer vos genous,
Adorer vostre face : il ne le sçauroit faire,
Son humeur fantastique est aux autres contraires:
Ceux qui n'ot que le corps sont nez pour tels mestiers,
Ceux qui n'ont que l'esprit ne le font volontiers.

  Toutesfois sans courir & sans changer de place
Il est asseuré d'estre en vostre bonne grace:
Encor le desespoir ne l'a pas combatu,
L'honneur aime l'honneur, la vertu la vertu.

  S'il vous plaist l'appeller, sans farder vne excuse
Il vous ira trouuer auec la mesme Muse
Dont il chanta Henry, son Charles, & auβi
Vous à present son Roy des Muses le souci:
Ou si vostre disgrace à ce coup il essaye,
Il sera cazanier comme vn vieil Morte-paye,
Qui renferme sa vie en quelque vieil chasteau,
Accrochant pareβeux ses armes au rasteau,
Au pays inutile, & moisi de pareβe
Pres de son vieil harnois confine sa vieilleβe.

A LVY-MESME.

Vous race de Rois, Prince de tant de
 Princes,
 Qui tenez dessous vous deux si gran-
 des Prouinces,
Qui par toute l'Europe esclairez tout ainsi
Qu'vn beau Soleil d'Esté de flames esclairci,
Que l'estranger admire, & le suiet honore,
Et dont la Maiesté nostre siecle redore.

A vous qui auez tout, ie ne sçaurois donner
Present, tant soit il grand, qui vous puisse estrener.
La terre est presque vostre, & dãs le Ciel vous mettre
Ie ne suis pas vn Dieu, ie ne puis le promettre,
C'est à faire au flateur: ie vous puis mon mestier
Promettre seulement, de l'encre & du papier.

Ie ne suis Courtizan ny vendeur de fumees,
Ie n'ay d'ambition les veines allumees,
Ie ne sçaurois mentir, ie ne puis embrasser
Genoux, ny baiser mains, ny suiure ny presser,
Adorer, bonneter, ie suis trop fantastique:
Mon humeur d'Escolier, ma liberté rustique
Me deuroient excuser, si la simplicité
Trouuoit auiourd'huy place entre la vanité.

C'est à vous mon grand Prince à supporter ma
 faute,
Et me louer d'auoir l'ame superbe & haute,
Et l'esprit non seruil, comme ayant de Henry
Vostre pere & de vous trente ans esté nourry.

Vn gentil Cheualier qui aime de nature

A nourrir des harats, s'il treuue d'auanture
Vn Coursier genereux qui courant des premiers
Couronne son seigneur de Palme & de Lauriers,
Et couuert de sueur d'escume & de poussiere
Rapporte à la maison le prix de la cariere:
Quand ses membres sont froids, debiles & perclus,
Que vieillesse l'assaut, que vieil il ne court plus,
N'ayant rien du passé que la monstre honorable,
Son bon maistre le loge au plus haut de l'estable,
Luy donne auoine & foin, soigneux de le penser,
Et d'auoir bien seruy le fait recompenser:
L'appelle par son nom, & si quelqu'vn arriue,
Dit:Voyez ce Cheual qui d'aleine poussiue
Et d'ahan maintenant bat ses flancs à l'entour,
T'estois monté dessus au camp de Montcontour.
Ie l'auois à Iarnac, mais tout en fin se change:
Et lors le vieil Coursier qui entend sa loüange,
Hannissant & frappant la terre se sou-rit
Et benist son seigneur qui si bien le nourrit.
　　Vous aurez enuers moy(s'il vous plaist) tel cou-
　　rage.
Si non à vous le blasme, & à moy le dommage.
Ie resue! vostre main me doit faire sentir
Que la maison des Rois ne loge vn repentir.
　　Mais ie suis importun, la personne importune
Ne rencontre iamais vne bonne fortune:
Laissons faire au Destin qui nous donne la loy,
Le Destin de grand Duc vous a fait vn grand Roy:
Puis il ne faut iamais ou parler à son maistre,
Ou faut de doux propos les oreilles luy paistre.
　　SIRE, voici le mois ou le peuple Romain
Qui tenoit tout le Monde enclos dedans la main,

Donnoit aux seruiteurs par maniere de rire,
Congé de raconter tout ce qu'ils vouloient dire:
Donnez-moy (s'il vous plaist) vn semblable congé,
I'ay la langue de rongne & le palais mangé,
Il faut que ie les frotte ou il faut que ie meure,
Tant le mal grateleux me demange à tout' heure.
La bile abonde en moy, voicy le renouueau,
Il faut contre quelqu'vn descharger mon cerueau.
Fuyez meschans fuyez : mais sans vostre ayde, Sire,
Ie n'ose enuenimer ma langue à la Satyre.
Si est-ce que la rage & l'vlcere chancreux
Me tient de composer : le mal est dangereux,
Qui desplaist à chacun : mais si ie vous puis plaire,
Il me plaist, vous plaisant, d'escrire & de desplaire.

  Qui bons Dieux ! n'escriroit voyant ce temps icy?
Quand Apollon n'auroit mes chansons en soucy,
Quand ma langue seroit de nature muette,
Encores par despit ie deuiendrois Poëte.

  C'est trop chanté d'Amour & en trop de façon,
La France ne cognoist que ce mauuais garçon,
Que ses traits que ses feux : il faut qu'vne autre voye
Par sentiers incognus sur Parnasse m'enuoye,
Pour me serrer le front d'vn Laurier attaché,
D'autre main que la mienne encores non touché.

  Apres que vostre esprit & vos mains diligentes
Seront lasses du faix des affaires vrgentes,
Aux heures de plaisir vous pourrez vostre esprit
Esbatre quelquefois en lisant mon escrit.

  S'il y a quelque braue ou mutin qui se fasche,
Et qui entre ses dens des menaces remasche
Pour se voir ou de biens ou de faueur desdit,
Si va plus qu'il ne doit veut monter en credit.

Si quelqu'vn en faueur de sa faueur abuse,
S'il fait le Courtisan & s'arme d'vne ruse:
Si quelque viloteur aux Princes deuisant
Contrefait le boufon, le fat, ou le faisant:
Si nos Prelats de Cour ne vont à leurs Eglises,
Si quelque trafiqueur qui vit de marchandisses,
Veut gouuerner l'Estat faisant de l'entendu:
Si quelqu'vn vient crier qu'il a tout despendu:
En Pologne, & qu'il braue enflé d'vn tel voyage,
Et pour le sien accroistre à tous face dommage:
Si plus quelque valet de quelque bas mestier
Veut par force acquerir tous les biens d'vn cartier:
Si plus nos vieux corbeaux gourmandẽt vos Finãces,
Si plus on se destruit d'habits & de despences,
Et si quelque affamé nouuellement venu
Veut manger en vn iour tout vostre reuenu,
Qu'il craigne ma fureur, d'vne ancre la plus noire
Ie luy veux engrauer les faits de son histoire
D'vn long trait sur le front, puis aille où il pourra,
Tousiours entre les yeux ce traict luy demourra.

Ie seray comme vn Ours que le peuple aiguillõne,
Qui renuerse la tourbe & mord toute personne,
De grand ny de petit ne me donnant souci
Si l'œuure vous agrée, & qu'il vous plaise ainsi.
I'ay trop long temps suyui le mestier Heroique,
Lyrique, Elegiaq': ie seray satyrique,
Disoy-ie à vostre frere, à Charles mon Seigneur,
Charles qui fut mon tout, mon bien & mon honneur.
Ce bon Prince en m'oyant se prenoit à sourire,
Me prioit, m'enhortoit, me commandoit d'escrire,
D'estre tout satyrique instamment me pressoit:
Lors tout enflé d'espoir dont le vent me paissoit,

Armé de sa faueur ie promettois de l'estre:
Ce-pendant i'ay perdu ma Satyre & mon maistre.
Adieu Charles adieu, sommeilles en repos:
Ce-pendant que tu dors ie suiuray mon propos.

Il n'y a ny Rheubarbe, Agaric ny racine
Qui puisse mieux purger la malade poictrine
De quelque patient fieureux ou furieux,
Que fait vne Satyre vn ceruueau vitieux,
Pourueu qu'on la destrempe à la mode d'Horace
Et non de Iuuenal qui trop aigrement passe:
Il faut la preparer si douce & si à point,
Qu'à l'heure qu'on l'aualle on ne la sente point,
Et que le mocqueur soit à moquer si adestre,
Que le mocqué s'en rie, & ne pense pas l'estre.

O Prince mon support, heureux & malheureux:
Heureux d'auoir l'esprit si vif & genereux,
Et malheureux d'auoir dés la premiere entrée
Vostre France rebelle en armes rencontrée,
D'ouyr de tous costez resonner le harnois,
Violer la Iustice & mespriser les lois,
Et presque tout l'Estat tomber à la renuerse
Par vne destinée à la France peruerse.

Receuez s'il vous plaist, d'vn visage serain
Et d'vn front deridé mon escrit, que la main
Des Muses a dicté ceste nouuelle annee,
Pour en vous estrenant voir leur troupe estrenée.

Ne les mesprisez pas, bien que soyez yssu
D'vne race & d'vn sang de tant de Rois conceu,
Et ne fermez aux vers l'oreille inexorable:
Minerue autant que Mars vous rendra venerable.

Homme ne pensez estre heureusement parfait:
De mesme peau que nous Nature vous a fait:

B iij

Dieu tout seul est heureux, nostre nature humaine
Misere sur misere en naissant nous ameine:
Et ne faut s'esbahir si nous auons icy
Pour partage eternel la peine & le soucy.

On dit que Promethée en pestrissant l'argile,
Dont il fist des humains l'essence trop fragile
Pour donner origine à nos premiers malheurs,
En lieu d'eau la trempa de sueurs & de pleurs:
Car plus l'homme est heureux, plus fortune l'espie,
A telle qualité nous trainons nostre vie.
Mais c'est trop babillé, il se faut depescher,
Souuant en voulant plaire on ne fait que fascher.

Quand Hercule ou Altas on chargé sur l'echiné
De ce grand Vniuers la pesante machine,
Que de col & de teste & de bras bien nerueux
Se bandent sous le faix lequel tomb'roit sans eux:
Si quelque fascheux sot arriuoit d'auenture
Qui vint les amuser d'vne longue escriture,
Ou d'vn maigre discours soit en prose ou en vers,
Offenseroit-il pas contre tout l'Vniuers?
Malin i'effenserois contre toute la France,
Dont vous portez le faix dés vostre ieune enfance,
S'importun i'amusois vostre diuin esprit.
(Aux affaires bande) par vn fascheux escrit

Dieu ne demande pas (car Dieu rien ne demande)
Qu'on charge ses autels d'vne presante offrande;
Il n'ayme que le cœur, il regarde au vouloir,
La seule volonté l'offrande fait valoir,
Ainsi suyuant de Dieu la diuine nature,
Vous prendrez mon vouloir, & non mon escriture.

S O N G E

A LVY-MESME.

NOs peres abuſez penſoient que le ſonger
Du matin n'eſtoit point ny faux ny
menſonger.
Au contraire mon Roy, ie penſe que
tous ſonges
Sans rien ſignifier ne ſont que des menſonges,
Et que Dieu ne voudroit (Dieu qui ne peut tróper)
De fantoſmes confus noſtre ame enueloper,
S'apparoiſſant à nous, quand le ſommeil commande
Au corps enſeuely de vin & de viande:
Mais pluſtoſt en plein iour, alors qu'il eſt permis
De veiller & d'auoir les ſens non endormis,
Et ſçauoir diſcerner ſi l'image legere
Qui pouſſe noſtre eſprit, eſt fauſſe ou menſongere.
Or ſans tant diſcourir ie vous diray le faiſt:
,,L'ouurage commencé s'en va demy-parfaiſt.
Ie ſongeoy l'autre nuiſt que peu deuant l'Aurore,
Quand du Soleil naiſſant les cheuaux ſont encore
En la mer & leurs crins s'eſpandent par les cieux,
Qu'vn buiſſon eſpineux ſe monſtroit à mes yeux,
De ronces remparé, fortifié d'eau viue
Et d'vn large foſſé, dont la gliſſante riue
Me monſtroit que du bas iuſq'au plus haut du bord
Le paſſage eſtoit clos, tant le parc eſtoit fort.
Dedans faiſoit ſa bauge vne beſte ſauuage,
Qui iamais autre part ne cherchoit ſon gaignage,

S'aviandant de glands qui secs se desroboient
Des chesnes en Automne & à terre tomboient.
Les voisins du pays l'appelloient la merueille:
Sa gueulle estoit dentee, effroyable l'oreille,
Ventre large & pansu, la peau rude an toucher,
Et son front se dressoit en poincte de clocher.
Il n'y auoit seigneur, marchant, ny gentilhomme,
Qui n'eust couru la beste, ainsi qu'ont fait à Rome
Le Busle par la ville, alors que les Romains
De traicts iettez sur luy se desarment les mains.

Transporté d'vne forte & chaude frenaisie,
Apres tant de coureurs il me print fantasie
De les denancer tous, & comme bon veneur,
Faire bien mon enceinte, & en auoir l'honneur.

Cela ne m'effroya ny ne pallit ma face,
Voyant de mes voisins les chiens mors sur la place,
Et les autres blessez au logis reuenir:
Mais plustost irrita mon courroux à tenir
Fort contre le Sanglier suyuant mon entreprise,
Ou mourir au combat ou voir la beste prise.

Ie descouplay mes chiens & for-huant apres
Les nommant par leurs noms, il n'y eut ny forés,
Montagnes ny chemins ny lande inhabitee
Qui ne fissent vn bruit sous ma chasse animtee.

Errant esgratigné de ronces par les bois,
Tantost d'vn train de trompe & tantost de la voix
Ie leur donnoy courage & leur monstroy la voye:
Mais couars sans la mordre ils aboyoient la proye
A gueule ouuerte ainsi que de nuict en resuant
Leurs dents mordent en vain les ombres & le vent.

Ie fy sonner pour chiens: la trompe les assemble
Coulpables de leur faute ils se rendent ensemble

Tous craintifs à mes pieds d'vn visage abaissé,
Puis comme des poltrons ainsi ie les tancé.

Chiens indignes de suiure vne beste à la trace,
Chiens gris qui dementez vostre premiere race,
Dont le bon sainct Hubert par les forets cherchoit :
Les Sanglers & leur hure à son huis attachoit :
Rendez moy maintenant, rendez la recompense
Du soin que i'ay de vous n'espargnant la depense
Ny le bon traictement pour vous faire nourir
A fin de surpasser les autres à courir.

Ainsi que le Soleil plonge & nous cache sa teste
Retournez au logis braues de la conqueste,
Le mouffle ensanglanté, le corps nanré de coups,
Où vous serez ce soir le carnage des loups.

Ainsi les menaçant, monstrerent au visage,
Abboyant contre l'air d'auoir meilleur courage.

Au plus fort du taillis vn gros hallier estoit
Où pour bien se baurger le sangler se mettoit,
Hallieur que le Soleil de ses raions ne perse,
Tant rameaux sur rameaux d'vne obscure trauerse
Ensemble entre-lacez le haut s'espessissoit,
Et le bas plain d'effroy d'ombres se noircissoit.
Au milieu cropissoit vne mare sangeuse :
Là souloit à midi ceste Beste outrageuse
Fouillier & tout son corps de bourbe reuestir.
Là ie pousse mes chiens pour la faire sortir :
Là l'espieu dans la main courageux ie deuance
Ma chasse de vingt pas, ie la tance & retance,
Ie la presse & la hué allant tout-à-l'entour,
Mais en vain : car plustost ie vy faillir le iour,
Qu'elle osast approcher du Monstre pour le mordre :
Au contraire il s'élance, & les mit en desordre,

Massacrant la moitié, puis en les secoüant
Du grain les enlevoit, & s'en alloit iouant,
Et morts les estendoit sur le dos de la plaine.

Trois fois recreu d'ahan, trois fois reprins haleine,
Ie retourne au combat de fureur transporté,
Qu'vn sanglier sur mes chiens eust l'honneur emporté.

Il estoit desia nuict, & la Lune premiere
Doroit le haut des bois d'vne blonde lumiere,
Quand regardant son arc nouuellement plié
D'vne corne voûtee, ainsi ie l'a prié:

Lune, l'œil de la nuict, qui reluis à trois faces,
Deesse des veneurs, des chemins, & des chasses,
Tu as courbé trois fois tes voûtes en vn rond,
Et trois fois replanté tes cornes à ton front,
Depuis le iour qu'errant par ces bois ie m'amuse
A suiure pour neant vne beste qui ruse:
Guide ma main Deesse, & m'enseigne le lieu
D'où ie pourray sanglant retirer mon espieu,
Et fais par ta faueur que mon souhait aduienne,
O des astres l'honneur vierge Latonienne.

Comme ainsi ie prioy, la Lune m'entendit,
Qui soudain de son ciel en terre descendit:
Puis despouillant son front & sa corne argentine
Prist la forme & l'habit d'vne mienne voisine,
Q'on disoit toute nuict parler aux animaux,
Et par charmes tirer les esprits des tombeaux,
Ensorceler les bleds, & faire à contre-course
Les ruisseaux esbays retourner à leur source.

En me heurtant du coude ainsi me vint tanser:
Ah malheureux Veneur, tu es sot de penser
Qu'vn monstre si cruel soit né de la nature
Des autres animaux: quitte ton auanture,

Et cherche autre parti: ou bien sois diligent
A trouuer vn limier & des chiens tout d'argent:
La beste ne se prend si non en telle sorte.

A tant s'euanouit: l'air venteux qui l'emporte,
Fist vn bruit par la nuict, & tout soudain la peur
Escoutant tels propos me vint glacer le cœur.

Comme ie m'estonnoy de sa responce obscure,
Ie vous vi ce me semble en vne clairté pure
Reluire au tour de moy, mesme front, mesmes yeux
Que vous auez alors qu'entre les demi-dieux
De vostre sainct Conseil administrez iustice,
Honnorant la vertu, & chastiant le vice,

Puis me distes ainsi : Quel sort te menaçant
Te tient si tard au bois à l'ombre du Croissant,
Quand les hômes lassez, & quand toute autre chose
Oubliant le trauail en son lict se repose?
Conte moy ton mechef: c'est le faict d'vn bon Roy
D'aider à son suiet en peine comme toy.

O Prince, mais ô Dieu, dont la celeste face
Ne s'apparust iamais à nostre humaine race
Si non pour faire bien, s'il vous plaist me prester
Vostre oreille, en deux mots ie vous le vais conter.

Six mois sont ià passez, que suant sous la peine
Ie pourchasse vn sanglier d'vne esperance vaine
Vne vieille m'a dit que ie sois diligent
De trouuer vn limier & des chiens tous d'argent,
Si ie veux telle beste en mes toiles surprendre:
Qu'autrement ie m'abuse, & ne faut m'y attendre.

Ie suis tout esbahy des propos qu'elle dit,
A qui la raison mesme & le sens contredit:
Car iamais chiens d'argent ne furent en nature:
C'est tout ce que peut feindre vne veine peinture.

B v

Vous respondistes lors: Dieu n'est iamais l'appuy
D'vn cœur qui se desfie & ne s'asseure en luy.
Les Princes & les Dieux ont pouuoir de tout faire
Heretique est celuy qui pense le contraire.
Recouple-moy tes chiens ie te puis asseurer
Que tu voiras bien tost ce miracle auerer.

En me disant tels mots, d'vne blanche houssine
Que vous auez és mains, vous frappastes l'eschine
De mes chiens par trois fois, & soudain sans bouger
D'vne place, en argent ie les vy tous changer.
Leur voix estoit d'argent, leurs muffles & leur veüe,
Les oreilles, le front, les pattes & la queüe,
Et n'auez Tresorier tant soit ferme & constant,
Qui ne les eust bien pris pour bon argent contant.

O Prince, si Cerés, si Mars & si Neptune
Me commandoient tous trois contre la loy commune,
L'vn de faire par l'air des nauires marcher,
L'autre d'ensemencer la poincte d'vn rocher,
Et l'autre sans soudars donner vne bataille,
Ie leur obeyroy: il ne faut que l'homme aille
Contre la Deité, & ne faut point auoir
De doute que les Dieux nous vueillent deceuoir.

Ie m'en vois rechasser dessous vostre parole
Qui iamais sans effect par le vent ne s'en-vole,
Et sous vostre promesse, en laquelle douter
Ce seroit hors du Ciel les Dieux vouloir oster.
Donques souuenez-vous, si la beste me donte,
Qu'à vous seul, non à moy, sera toute la honte:
Vous estes le motif, ie ne suis seulement
Que l'organe qui sert à vostre mandement.

Aussi si ie la prens, tout au plus haut du feste
De vos portaux sacrez i'en appenderay la teste,

Pour donner vn exemple à vos peuples François
De ne douter iamais d'obeir à leurs Rois.
Puis i'escriray deſſous, Ie celuy qui les ſonges
N'aguieres n'eſtimois que fables & menſonges,
Ie les croy maintenant, tant vaut la verité
D'vn miracle en moy fait par vne Deité.

DISCOVRS DE L'EQVITÉ
DES VIEVX GAVLOIS.
A LVY-MESME.

LA victime eſtoit preſte & miſe ſur
l'autel,
Quand ce vaillant Gaulois de renom
immortel,
Grand Prince, grand guerrier, grand paſteur des
armées,
Qui auoit ſaccagé les plaines Idumées,
Et foudroyant les champs d'vn armé tourbillon
Auoit eſpouuanté le rocher d'Apollon,
Commande à Glythimie : (ainſi s'appelloit celle
Qui fut à ſon mary ſenime tres-infidele)
Prens le pied de l'aigneau, & ſay pour ton renuoy
Aux bons Dieux voyageurs des vœus ainſi que moy.
    Elle pour obeir prend le pied de la beſte.
Lors en lieu de l'hoſtie il decolla la teſte
De la femme perfide, & le ſang qui ſaillit,
Tout chaud contre le front de ſon mary iaillit,
Ainſi de ſon forfait elle tomba victime,

Sans teste dans son sang lauant son propre crime.
　Le mary spectateur d'vn acte si piteux,
Eut le sein & les yeux de larmes tous moiteux:
Vne horreur le saisit, il senglotte son ame,
Et outré de douleur contre terre se pâme:
Puis à soy reuenu renfrongnant le sourci,
D'vne voix effrayée au Gaulois dist ainsi.
　Quoy! est-celà la foy que tu m'auois promise?
Est-ce là ton serment? est-ce la dextre mise
En la mienne, ô pariure? apres auoir receu
La rançon pour ma femme ainsi m'as-tu deceu?
　Du iour que le harpois sonna sur tes espaules
Qu'espuisant la ieunesse & la force des Gaules,
Et qu'à ton camp nombreux les ondes des ruisseaux
Ne bastoient à fournir breuuage à tes cheuaux,
Et que l'ambition que rien ne ressasie,
Te faisoit comme vn feu saccager nostre Asie,
Ie preuy mon malheur, & preuy que nos champs
Ne seroient qu'vn tombeau par tes glaiues tranchãs:
Mais ie le preuy mieux, oyant la renommée
Que ton camp assiegeoit nostre ville enfermée.
　Pres les meurs de Milete vn temple s'eleuoit,
Où Cerés ses honneurs & ses autels auoit,
Et ce iour de fortune on celebroit ses festes.
Nos femmes couronnant d'espics de bled leurs testes,
Et portant en leurs mains les premices des fruits
Que la Terre nourrice en son sein a produits,
Supplioient la Deesse, & sa semestre fille,
Leur donner bons maris, & planté de famille,
Santé, beauté, richesse, & la grace des Dieux.
Le parfum de l'encens fumoit iusques aux cieux:
Antour du Temple alloit la danse mesurée,

Quand vóici comme Loups à la gorge alterée
Ou du sang des aigneaux ou du sang de brebis,
Venir ton camp vestu de flamboyans habits,
Qui sans crainte du lieu les autels despouillerent,
Et sans respect d'honneur nos femmes violerent,
Autant que l'appetit veinqueur le permettoit,
Et la ieune fureur qui sans raison estoit.

   On dit que de Cerés le venerable image
Fremissant & suant abaissa son visage:
Son autel en trembla, sa couleur en mua,
Et trois fois de despit la teste remua.

   Soudain la Renommee à l'aile bien agile,
Dessus le mur rampee espouuenta la ville,
Annonçant aux maris d'vne effroyable vois,
Que leurs femmes estoient la proye des Gaulois.
   Le iour estoit sous l'onde, & la nuict estoilée
Auoit d'vn habit brun la terre emmantelee,
Quand la clameur se fist, & des enfans pleureux,
Et des peres priuez de leurs lits amoureux.
Non autrement de loin s'entendoit la complainte,
Que si desia la ville eust veu l'image peinte
De la mort en ses murs, & les feux indontez
Riblant par les maisons voler de tous costez.

   En fin sur la minuict en la place s'assemblent
Où de mille conseils les deux meilleurs leur semblent
De prier l'ennemi, & d'vn soin diligent
Apporter la rançon, & flechir par argent
(Poizon des cœurs humains) l'arrogance barbare,
Qui de son naturel est tyrante & auare.
   Le sauf conduit venu ayans les pleurs à l'œil,
Et tristement vestus de noirs habits de dueil,
Au premier poinct du iour sortirent de la porte,

Mercure alloit deuant qui leur seruoit d'escorte,
D'vn air enueloppé. A la fin paruenus
En ton ost & voyant tes hommes incognus,
Haranguerent ainsi d'vne douce priere,
Pour amollir les cœurs de la troupe guerriere,
Qui braue en son harnois donnoit d'vne autre part
Asseurance aux prians d'vn paisible regard.

Peuples enfans de Mars, heritiers de la guerre,
Qui courez nostre Asie, ainsi que le tonnerre
Court grondant parmy l'air, & à vos Dieux Gaulois
Apper-dez pour trofée & nous & nos harnois:
Ne vueillez point souiller, magnanimes gend'armes,
Vos honneurs illustrez pur la splendeur des armes,
Au sang vil & cozard de nos femmes, qui n'ont
Ny corselets au dos ny morions au front
Pour reuancher leur peau, de nature amusées
À filer leur quenouille, & tourner leurs fusées:
Ou bien si mesprisant les Dieux & les humains,
Viuez ainsi que Loups du meurtre de vos mains,
Tournez le fer tranchant en nos masles poitrines,
Et courtois pardonnez aux ames feminines:
Ou si vous craignez Dieu protecteur de la loy,
Et la fortune humaine inconstante & sans foy
(Croyant que vos voisins peuuent rauir les vostres
Ainsi qu'en ce pays vous rauissez les nostres,
Vous contre-iniuriant de pareille façon:)
Rendez-les s'il vous plaist, & prenez leur rançon,
Afin que desormais exemptes du seruage,
Libres en nos maisons facent nostre mesnage,
Et sans plus asseruir le reste de leurs ans,
Aillent faire nos lits, & traiter nos enfans.
Ils parlerent ainsi. Tes guerriers de leur teste

Firent signe aux prians d'accorder leur requeste.
» Il n'est rien qui tant l'homme ameine à la raison,
» Que l'art persuasif d'vne douce oraison.

Les vnes par argent retournerent troquees:
Les autres qui s'estoient desia domestiquées
En l'amour des Gaulois, les pensant plus gaillars
Aux combats amoureus que leurs maris vieillars,
S'arresterent au camp, mesprisant leurs Penates,
Licts, enfans & maris, pour suiure les Galates.
Ma femme fut rauie. Ambassadeurs alors
I'estois loin du pais, pour rompre les effors
Et l'instante fureur d'vn Martial orage,
Qui desia coniuroit contre nostre riuage.

Si tost qu'à mon retour l'histoire i'entendi,
Le sang gela mon cœur de crainte refroidi:
La honte & le despit me fermerent la bouche,
A terre renuersé comme vne froide souche,
Pleurant ma chere espouse, & n'ayant pour confort
Remede en mon malheur que l'espoir de la mort.

En tous lieux que i'alois où ie l'auois cognuë,
Soit veillante, ou dormante, ou soit en robbe, ou nuë,
Au iardin, en la chambre, au cabinet segret,
Tout le cœur me creuoit de dueil & de regret.
D'vn pied mal-asseuré mille fois en vne heure
Ie changeois de logis, de place & de demeure;
Mais en vain: car tous lieux me sembloient odieux,
Et tousiours sa beauté me recouroit aux yeux.

En songe toute nuict me reuenoit ma femme,
Et tout cela de doux qui nous chatouille l'ame,
Et dont le souuenir est plaisant au penser,
Qu'amour me fait au cœur centfois le iour passer,
La face qu'elle auoit quand elle fut rauie,

Tousiours me reuenoit, comme elle poursuiuie
Couroit parmi le temple embrassant les autels
Et les images saincts des hauts Dieux immortels,
Pasmée, escheuelée, & non plus femme viue,
Et s'echappant de l'vn de l'autre estre captiue,
N'ayant autre confort en son peril si non
M'appeller, & d'auoir en sa bouche mon nom :
Puis tousiours me sembloit qu'elle me venoit tendre
Ses bras croizez en l'air à fin de la defendre.
Deux fils conceus de nous, germes de nostre chair,
Vray gage d'amitié aux deux parens si cher,
Qui du tout ressembloient au portraict de leur mere,
Assis sur mes genoux redoubloient ma misere,
Et de leurs tendres mains touchant mon poil grison,
Me prioient de tirer leur mere de prison.
,, Affection d'enfans de nature est si grande,
,, Qu'elle obtient des parens tout ce qu'elle demande.
    Pour recouurer ma femme, ainçois plustost mõ cœur,
Sans qui ie viuotois en extreme langueur,
Ie vendi tout mon bien : que m'en seruoit l'vsage,
Quand mon meilleur tresor estoit ailleurs en gage ?
Tousiours à chaque pas en ma femme resuant,
Chargé de mon auoir ie mis la voile au vent.
Le vent en ma faueur qui poupier se resueille,
Me poussa de Milete aux riues de Marseille.
Du lieu de ta demeure aux voisins ie m'enquis :
Mais l'honneur de tes faits par les armes acquis
M'enseigna le chemin : car il n'y auoit trace
Qui n'eust ouy tinter le bruit de ta cuirasse.
Entrant en ton Palais d'elle ie fui cogneu :
Puis t'enquerant de moy pourquoy i'estois venu,
Ainsi te respondi. L'affection extresme

Que le porte à ma féme helas! plus qu'à moy-mesme,
Les pleurs versez pour elle & les regrets amers
M'ont fait vendre mon bien & passer tant de mers
Afin de racheter vne si chere chose.
Puis tout soudain du prix auec toy ie compose,
Et le mis en ta main: mais ton cœur genereux,
Plus cent fois de l'honneur que de l'or amoureux,
Forçant ta nation qu'on estime si fiere,
Ne voulut accepter de moy la somme entiere:
Tu mis ceste rançon en quatre lots à part,
Vne quarte à ma femme & l'autre pour ma part,
L'autre pour mes enfans & l'autre pour toy maistre.
   Tu me fis vn festin tu m'assis à ta dextre,
Ie beu dedans ta coupe, & d'vn front adouci
Humainement traicté tu m'ostas le souci.
Quand le vin fut versé en l'honneur de Mercure,
Et la Nuict fut venuë à la courtine obscure,
Tu me liuras ma femme, & m'en fis approcher,
Puis en vn mesme lict ensemble nous coucher,
Sans plus retenir droit ny pouuoir dessus elle.
Toutefois ô cruel, ô barbare infidelle,
Apres auoir comme hoste en ton Palais logé,
En ta coupe rebeu, à t'a table mangé,
Apres mon or baillé, apres ta foy promise
Tu l'as deuant mes yeux cruellement occise.
   Le Prince qui long temps se discours entendit,
D'vn magnanime cœur luy contre-respondit.
   Citoyen de Milete, estranger, & mon hoste,
Afin que hors du cœur l'impression ie t'oste
Qui pourroit à bon droit t'irriter contre moy,
Entens toute l'histoire & l'emporte chez toy.
   Aussi tost que l'Aurore au matin fut venuë,

Ta femme toute nuict entre tes bras tenuë,
Qui t'appelloit son sang, son cœur & son souci,
Embrassant mes genoux me fist sa plainte ainsi.
,, On ne sçauroit tromper vne douteuse amante!
Elle ayant comme femme vne ame desfiante
Et vn cœur soupçonneux (cela leur est fatal)
Auant qu'il fust venu, coniectura son mal.
Apres que par le fer tu m'as tienne rauie,
Que par terre & par mer tes armes i'ay suiuie
Compagne de ton lict: apres t'auoir aimé,
Apres t'auoir cent fois en te baisant armé,
Baillé ton morion, ta lance & ta Rondache,
Et planté sur ton tymbre vn menaçant pennache:
Puis venu du combat, du trauail ennuyé,
Apres t'auoir cent fois tout le corps essuyé
Salle d'vne poussiere honneste & genereuse,
Et tes playes succé de ma léure amoureuse:
Apres auoir traité de mes mains tes cheuaux,
Tes coursiers compagnons de tes nobles trauaux,
Les nommant par leur nom, qui souloient recognoistre
Ma voix encores plustost que celle de leur maistre:
Peux-tu bien maintenant tes delices hair,
Et pour vn peu de gain perfide me trahir?
      Hà! ce n'est pas la foy ny la dextre fidelle
Mise en la mienne helas! quand tremblante & rebelle
I'embrassois les autels de Cerés, appellant
Les Dieux à mon secours contre toy me volant,
A la fin adioustant la priere à l'audace,
Par force & par amour ie t'accorday ma grace,
Pourueu que tu serois d'vne inuincible foy,
Tousiours mon defenseur sans te fascher de moy.
Mais ie voy (desmentant ta promesse heroïque)

Qu'autant comme ton cœur ta parole est Gothique:
Pourrois-ie bien souffrir absente de tes yeux
Encore vne autre fois vn seruage ennuyeux?
Le premier m'estoit doux, & le second en l'ame
Me seroit vne mort dont le penser me pasme.

Tu estois mon pays, mon pere & mon espoux,
Et tous perdus en toy ie les retrouuois tous:
Seul tu estois mon tout, & pour vne parole
Maintenant dans le vent ta promesse s'en-vole.
Ne crains-tu point les Dieux? ne crains-tu que les bois,
Les rochers entournez de naturels effrois,
Les deserts remparez de longue solitude
Ne content aux passans ta fiere ingratitude?

Tu me deuois tuer quand ta main me rauit,
Et non trahir mon cœur qui forcé te suiuit:
Le mourir de ta main valloit mieux que la vie,
Et rauie en ce poinct ie n'eusse esté rauie.

En tous lieux où le nom des hommes i'entendray,
Plustost par les forests aux loups ie me rendray
Qu'en leurs meschantes mains, croyant par coiecture
Qu'ils sont tous comme toy de meschante nature.

Or puis que mon malheur ne se peut reuancher
De toy cruel ingrat, que par le reprocher,
Ie te reprocheray ta semence germée,
Que tu as par amour en mon ventre semée:
Tu deuois pour le moins auant que me chasser,
Souffrir que ton enfant peust ton col embrasser,
Te rebaiser les mains, & t'appeller son pere.
Les larmes de l'enfant eussent sauué la mere!

Baille moy ton poignard pour nous tuer tous deux
Ie te seray defuncte vn fantosme hideux,
Ie rompiray ton sommeil, & contre toy marrie

Ie te suiuray tousiours importune Furie,
Te donnant à manger ton fils pour ton repas:
Ainsi doux (me vangeant) me sera le trespas!
　Que dis-ie? mon amour ne merite vn supplice,
Viuons donc à tes pieds pour te faire seruice,
Et perdons mon mary ce causeur effronté,
Qui de tout nostre bien qu'il auoit apporté,
T'a baillé seulement la moitié de la somme,
Vray acte de larron, & non pas de preud'homme.
Elle me dist ainsi. Le sang froid s'assembla
Tout au-tour de mon cœur qui soudain me troubla,
Douteux si ie deuois l'enuoyer tout à l'heure
En ces lieux tenebreux où le trespas demeure
Ou bien si ie deuois mon couroux retarder,
Et te conter le fait à fin de te garder.
　I'ay feint ce sacrifice & feint de te conduire
Pour immoler ta femme, & aussi pour te dire
Que vous estes deceus de blasmer les Gaulois,
Vous autres Asiens, comme peuples sans lois,
Barbares & cruels, transportez par le vice,
Ennemis d'equité, de droict & de iustice.
　Dessous la loy escrite enseignez vous viuez
Et doctes en papier le papier vous suiuez
Nous autres nous n'auons que la Loy naturelle
Escrite dans nos cœurs par vne encre eternelle,
Que nous suiuons tousiours sans besoin d'autre escrit,
Comme portans nos loix en nostre propre esprit.
　En-tombe si tu veux, ou donne aux chiens ta femme,
Ou la iette en la mer, ou la baille à la flame:
Vn corps tronqué de teste est vn fardeau pesant,
Ne remporte en ta ville vn si vilain present.
Or quant à la rançon que i'ay receu pour elle,

Et au reste du bien que ta dextre me celle,
Prens tout ie n'en veux rien,à fin qu'en ton pays
Tu faces au retour tes voisins esbays,
Leur contant nos vertus:va chercher ta demeure:
A dieu,donne la main,va-t'en à la bonne heure.

HENRY, dont le renom n'est seulement allé
Aux peuples estendus sous le Pole gelé,
Mais de l'Europe entiere a rempli tout l'espace,
Tu ne tiens seulement en la Gaule la place
Que tenoit ce guerrier,mais aussi l'equité,
Les vertus,les honneurs & la fidelité.
Ie voudrois que ton peuple en armes redoutable
Se monstrast enuers toy ou autant equitable
Que tu es enuers luy,ou qu'il fust enuers toy
Aussi fidelle & bon que tu luy est bon Roy:
Les guerres tous les ans ne seroyent attendues,
Tes villes sous ta main seroyent desia renduës,
Les harnois ne seroyent vn faix à nostre dos,
Et tes suiets viuroyent en paisible repos.

Ce-pendant il te plaist en telle deffiance
V'eincre non par le fer,mais par la patience:
Vy heureux ceste annee & cent autres encor,
Et en regnant vieillis autant que fist Nestor,
Et m'estreine,grand Roy,ainsi que ie t'estreine,
Du labeur profitable agreable est la peine.

LES PARQVES.

A LVY-MESME.

ES Parques, qui leur chef de chesne cou-
ronnerent,
Le iour que tu nasquis, ton corps enuiron-
nerent,
Puis en filant ta vie autour de leur fuseau,
Et parfumant d'odeurs ton lict & ton berceau,
Te chanterent ces vers que les Dieux approuuerent,
Et pour estre gardez au ciel les engrauerent.

Enfant, en qui le ciel renuerse son bon-heur,
Te remplissant autant de vertus & d'honneur
Qu'Hercule en fut remply le iour de sa naissance,
Crois pour te faire vn iour l'ornement de la France.
Crois donc, & deuiens grand, & d'vn bras enfantin
Riant dés le maillot embrasse ton destin.

Comme Alcide qui fut d'vne force indomtee,
Souffrit mille trauaux soubs son frere Eurystee,
Tu dois dessus le tien mille peines souffrir,
Et d'vn cœur genereux aux batailles t'offrir,
Et faire craqueter dés ta ieunesse tendre
Le harnois sur ton dos pour son sceptre defendre.

Nous voyons la Charente, & les bords d'alentour
Desia rougir de sang, & l'air de Montcontour
S'infecter de corps morts, & ses plaines semees
D'os porter à regret les mutines armees.

Desia nous te voyons au milieu des trauaux
Renuerser à tes pieds cheualiers & cheuaux
Et pendre sur ton front pour eternelle gloire

L'honneur & le bon-heur, la force & la victoire.

C'est lors que tu rendras aux Frãçois leurs autels,
Et les temples sacrez de leurs saincts immortels
Que la main huguenote aura ruez par terre.

Mais comme on voit les Pins foudroyez de tonnerre
Tu foudroiras leur camp infidele & felon,
Ainsi que Brenne fut par les traicts d'Apollon.

Pour rendre sa vertu dauantage honoree
Hercule alla courir la terre Hyperboree.
Et tu dois commander en ceste part, où droict
Le Pole Boreal roidist touſiours de froit.

De là passant Vienne, & le fleuue qui baigne
D'vn cours large & profõd la plus haute Allemaigne,
Tu voirras l'Italie, & Veniſe en la mer,
Qui ne veut d'autres murs que de flots s'enfermer:
Et trauerſant le Pò, tu dois voir dans les nuës
Les rempars monstrueux des grands Alpes chenuës,
Dont les cheueux touſiours de neige ſont veſtus,
Et les pieds de torrents rauagez & battus.

Puis tu voiras la terre, applaudi de la race
De tes peuples François: ſi qu'il ny aura place,
Chemin ny carrefour, qui en te beniſſant
N'aille de ieux, de ioye & de bruit fremiſſant.

Par les temples ſacrez, ſainctes maiſons de villes,
Les ieunes & les vieux, les meres & les filles
D'vn long ordre en chantãt, ſoit de nuict ſoit de iour,
Rendront graces à Dieu pour ton heureux retour.
Lyon doit le premier reuoir ton ſainct viſage,
Et ſon fleuue ſauter de ioye en ſon riuage.

Apres que la vertu, qui ſuyt ta Maieſté,
Aura deſſous tes pieds ton ennemy domté,
Et la longueur du temps ioincte à l'experience

T'auroit appris de veincre auec la patience,
Par elle te faisant des Monstres le veinceur,
Esleue apres au ciel le courage & le cœur,
Estime tes suiets, corrige ta Iustice:
Fay que les armes soient des Nobles l'excercice:
Honore la science, honore les guerriers:
Les vieillards au conseil soient tousiours les premiers,
Renere leur vieillesse, & tes peres les nomme,
    Puis venu par vieillesse en l'âge où se consomme
La vie & la chaleur, tu monteras aux cieux,
Et boiras du Nectar à la table des Dieux,
Comme le pieux Hercule, espousant la ieunesse,
Et Castor & Pollux, Deitez que la Grece
Mist au ciel, & leur nom sema par l'Vniuers,
Tant vallent les vertus, les Muses & les vers.
    Ainsi pres de ton lict les trois Parques parlerent,
Et baisant ton berceau dedans l'air s'en-volerent.

DIALOGVE

DIALOGVE ENTRE LES

MVSES DESLOGEES,
& Ronfard.

A LVY MESME.

Leuant les yeux au ciel & contemplant
les nuës,
I'auifay l'autre iour vne troupe de
Gruës,
Qui d'vn ordre arrengé & d'vn vol bien ferré
Reprefentoient en l'air vn bataillon carré,
D'auirons emplumez & de roides fecouffes
Cherchant en autre part autres terres plus douces,
Où toufiours le Soleil du rayon de fes yeux
Rend la terre plus graffe & les champs plus ioyeux.
   Ces oifeaux rebatant les plaines rencontrees
De l'air, à grands coups d'aile alloient en leurs côtrees
Quittant noftre païs & nos froides faifons,
Pour refaire leur race & reuoir leurs maifons.
   Les regardant voller, ie difois en moy-mefme:
Ie voudrois bien, oifeaux, pouuoir faire de mefme
Et voir de ma maifon la flame voltiger
Defur ma cheminée, & iamais n'en bouger,
Maintenant que ie porte inutil per l'âge,
Mes cheueux auffi gris comme eft voftre plumage.
   Adieu peuples ailez, hoftes ftrymoniens,

C

Qui volant de la Thrace aux Æthiopiens,
Sur le bord de la mer encontre les Pygmées
Menez, combat leger, vos plumeuses armées:
Allez en vos maisons. Ie voudrois faire ainsi,
» Vn homme sans fouyer vit tousiours en soucy.

Mais en vain ie parlois à l'escadron qui volle:
Car le vent emportoit comme luy ma parole,
Remplissant de grands cris tout le ciel d'alentour,
Ioyeux de retourner au lieu de son seiour.

De l'air abaissant l'œil le long d'vne valee,
Ie regarday venir vne troupe haslée
Lasse de long trauail, qui par mauuais destin
Auoit fait (ce sembloit) vn penible chemin.

Elle estoit mal-en-couche & pauurement vestue:
Son habit attaché d'vne espine poinctue,
Luy pendoit à l'espaule, & son poil dédaigné
Erront sa'le & poudreux, crasseux, & mal peigné,

Toutesfois de visage elle estoit assez belle:
Sa contenance estoit d'vne ieune pucelle,
Vne honte agreable estoit dessus son front,
Et son œil esclairoit comme les Astres font:
Quelque part qu'en marchant elle tournast la face,
La vertu la suyuoit, l'eloquence & la grace,
Monstrant en cent façons dés son premier regard,
Que sa race venoit d'vne royale part,
Si bien qu'en la voyant toute ame genereuse
Se rechaufant d'amour en estoit amoureuse.

D'auant la troupe alloit vn ieune iouuenceau,
Qui portoit en Courier des ailes au chapeau,
Vne houssine en main de serpens tortillée,
Et dessous pauure habit vne face esueillée,
Et monstroit à son port quel sang le conteuoit,

Tant la garbe de Prince au visage il auoit.

Tout furieux d'esprit ie marchay vers la bonde,
Ie luy baise la main, puis ainsi luy demande
(Car l'ardeur me poussoit de son mal consoler,
M'enquerir de son nom, & de l'ouyr parler.)

Ronsard.

Quel est vostre païs, vostre nom, & la ville
Qui se vante de vous? L'vne la plus habile
De la bande respond.

Muses.

Si tu as iamais veu
Ce Dieu qui de son char tout rayonné de feu
Brise l'air en grondant, tu-as veu nostre pere:
Grece est nostre païs, Memoire est nostre mere.

Au temps que les mortels craignoient les Déitez,
Ils bastirent pour nous & temples & citez,
Montaignes & rochers & fontaines, & prées,
Et Grottes & forests nous furent consacrées,
Nostre mestier estoit d'honnorer les grands Rois,
De rendre venerable & le peuple & les lois,
Faire que la vertu du monde fust aimée,
Et forcer le trespas par longue renommée,
D'vne flame diuine allumer les esprits,
Auoir d'vn cœur hautain le vulgaire à mespris,
Ne priser que l'honneur & la gloire cherchée,
Et toussiours dans le ciel auoir l'ame attachée.

Nous eusmes autrefois des habits precieux,
Mais le barbare Turc de tout victorieux
Ayant vaincu l'Asie & l'Afrique, & d'Europe
La meilleure partie, a chassé nostre trope
De la Grece natale & fuyant ses prisons
Errons, comme tu vois, sans biens & sans maisons,

C ij

Où le pied nous conduit, pour voir si sans excuses
Les peuples & les Rois auront pitié des Muses.

Ronsard.

Des Muses? di-ie lors. Estes vous celles-là
Que iadis Helicon le neuf Sœurs appella?
Que Cirrhe & que Phocide auouoiët leurs maistresses,
Des vers & des chansons les sçauantes Déesses?
Vous regardant marcher nuds pieds & mal-empoinct,
I'ay le cueur de merueille & de frayeur espoint,
Et me repens d'auoir vostre danse suiuie,
Vsant à vos mestiers le meilleur de ma vie.

Ie pensois qu'Amalthée eust mis entre vos mains,
L'abondance & l'argent l'autre ame des humains:
Maintenant ie cognois vous voyant affamées,
Qu'en esprit vous paissez seulement de fumées,
Et d'vn titre venteux antiquaire & moysi,
Que pour vn bien solide en vain auez choisi.

Pour suiure vos fureurs miserables nous sommes.
Certes vous resemblez aux paures Gentils-hommes
Lors que tout est vendu, leuant la teste aux cieux,
N'ont plus autre recours qu'à vanter leurs ayeux.
Que vous sert Iupiter dont vous estes les filles?
Que seruent vos chansons vos temples & vos villes?
Ce n'est qu'vne parade, vn honneur contrefaict,
Riche de fantasie & non pas en effect.

Vertu, tu m'as trompé te pensant quelque chose!
Ie cognois maintenant que le malheur dispose
De toy qui n'es que vent, puisque tu n'as pouuoir
De conseruer les tiens, qui errent sans auoir
Ny saueurs ny amis vagabonds d'heure en heure
Sans feu, sans lieu, sans bien, sans place, ny demeure.

Muses.

Hà que tu es ingrat de nous blasmer ainsi !
Que fusses-tu sans nous qu'vn esprit endurcy,
Consumant casanier, le plus beau de ton âge
En ta pauure maison, ou dans vn froid vilage,
Incognu d'vn chacun ? ou t'ayant abreuué
De Nectar, & l'esprit dans le Ciel esleué,
T'auons faict desireux d'honneur & de loüanges,
Et semé ton renom par les terres estranges,
De tes Rois estimé, de ton peuple chery,
Ainsi que nostre enfant en nostre sein nourry.

Dieu punist les ingrats : à tous coups que la foudre
Trebuchera de l'air, tu auras peur qu'en poudre
Tu ne sentes ton corps & ta teste brisee
Pour la punition d'ainsi nous mespriser.
Pource adiouste creance à qui bien te conseille:
Ayde nous maintenant, & nous rens la pareille.

Ronsard.

Que voulez vous de moy ? L'vne des Sœurs alors
Qui la bande passoit de la moitié du corps,
Me contre-respondit.

Muses.

Nous auons ouy dire
Que le Prince qui tient maintenant vostre Empire,
Et qui d'vn double sceptre honore sa grandeur,
Est dessus tous les Rois des lettres amateur,
Caresse les sçauans, & des liures fait conte,
Estimant l'ignorance estre vne grande honte:
Dy luy de nostre part qu'il luy plaise changer
En mieux nostre fortune, & nous donne à loger.

Ronsard.

Vous m'imposez au dos vne charge inegale:

Ciij

I'ay peu de cognoissance à sa grandeur royale,
C'est vn Prince qui n'ayme vn vulgaire propos,
Et qui ne veut souffrir qu'on trouble son repos,
Empesché tous les iours aux choses d'importance,
Soustenant presque seul tout le faix de sa France,
Meditant comme il doit son peuple gouuerner
Et faire dessous luy l'âge d'or retourner,
Honorer les Vertus & chastier le vice,
Defenseur de la loy, protecteur de Iustice.
　Ie n'oze l'aborder, ie crains sa Maiesté,
Tant ie suis esbloy des raiz de sa clairté :
Pource cherchez ailleurs vn autre qui vous meine,
A dieu troupe sçauante, adieu belle neufuaine.
　Prince qui nous seruez de phare & de flambeau,
Ne laissez point errer sans logis ce troupeau,
Troupeau de sang illustre & d'ancienne race,
Pauure, mais de bon cœur, digne de vostre grace,
Iupiter le conceut lequel vous a conceu.
Ainsi de mesme pere ensemble auez receu
L'estre & l'affinité : Vous comme le plus riche,
A vos pauures parens ne deuez estre chiche.

AV ROY CHARLES IX.

AV grand Hercule animé de courage
Vous ressemblez : il auoit son lignage
Du fils de Rhée, & le vostre est d'vn
Roys
 Qui côme vn Dieu tint la Frâce sous soy.
Dés le berceau de sa main enfantine
Il estouffa la race serpentine:
Vous dés enfance à la mort auez mis
La plus grand' part de vos fiers ennemis.
 Vn puissant Roy contraignoit sa proüesse
Necessité qui est grande Déesse,
Vous a contrainct : il eut pour son confort
Vn ieune frere, & vous Prince tresfort
En auez deux qui donnent esperance
D'estre sous vous les lumieres de France.
 Hercule auoit pour habit le plus beau
Le rude cuyr de l'effroyable peau
D'vn grand Lion, monstrant par vn tel signe
Qu'vn riche habit des Princes n'est pas digne,
Mais la vertu, qui iamais ne se pert,
Et qui de robbe en tout âge leur sert.
 Vous comme luy, bien que soyez grand Prince,
Et riche Roy de si grande prouince,
Ayant vertu pour vostre habillement,
Allez touſiours acouſtré simplement,
Blasmant l'orgueil des grands Rois d'Assyrie,
Qui tous chargez de riche orféuerie

D'argent & d'or, demy-Dieux se monstroient
Enflez de pompe à ceux qui rencontroient,
Faisant estat de robbe somptueuse,
Et non d'auoir vne ame vertueuse:
Ainsi masquez reluisoient par-deuant,
Mais au dedans ce n'estoit que du vent.

Or, cest Hercule à tous labeurs adestre
Vne massue auoit dedans la dextre
Dont il frappoit les hommes deprauez,
Dedans la main le sceptre vous auez
Dont vous domtez l'impudente malice,
Gouuernant tout d'vne egale police.

Hercule alloit la terre tournoyant,
De tous costez les Monstres gueroyant,
Et vous tournez vostre Royaume, Sire,
Pour sainctement nettoyer vostre Empire
De tout erreur & des Monstres qui vont
Sans plus auoir la honte sur le front.

Hercule aimoit & l'arc & les sagettes,
Pour passe-temps si bon archer vous estes
Et si certain, que le trait eslancé
Frappe le but par vos yeux menacé.

Sa sœur Pallas Déesse forte & sage
Le conduisoit bien-heurant son voyage,
Et vous auez vostre mere qui fait
Vostre voyage heureusement parfait.

Apres sa mort Hercule magnanime
Au ciel monta de soy-mesme victime,
Estant purgé sur le mont OEtéen:
Vous despouillé du manteau terséen
Irez au ciel à la gloire eternelle,
Et c'est pourquoy, Sire, ie vous appello

Nostre Herculin, qui serez vne fois
Par vos vertus l'Hercule des François:
Car c'est à vous à qui le Ciel ordonne
Du monde entier le Sceptre & la Couronne.
Ainsi de vous l'a promis le Destin
Inexorable, au fuseau aimantin,
Dur aceré, d'inuincible puissance:
C'est que seriez en vostre adolescence,
Estant bien ieune, orphelin demeuré,
Vn peu troublé: car rien n'est asseuré.
    Mais aussi tost que la blonde ieunesse
Aura doré d'vne toison espesse
Vostre menton, & qu'aux guerres dispos
Le fort harnois bruira sur vostre dos,
Branlant au poing le hampe d'vne hache,
Et remuant les crestes du panache
D'vn morion reluisant tout ainsi
Qu'vn beau Soleil de flames esclarci,
Irez veinqueur des Prouinces lointaines,
Où conduissant vos batailles certaines,
Et vos soldats sous le fer fremissans,
Et vos cheuaux au combat hannissans,
Le Lis François, planterez sur la riue
Où du Soleil le chariot arriue,
Quand vers le soir lassé de ses trauaux
Dans l'Ocean abreuue ses cheuaux
Fumans, suans, & souflans des narines
Le iour tombé dans les ondes marines:
Et sur le bord où il sort hors de l'eau
Frais, gaillard, ieune, ainsi qu'vn iouuenceau
Qui pour l'amour de sa belle guerriere
Monte à cheual & passe vne carriere,

En ces deux mers le Ciel fera lauer
De vos harnois les poudres, & grauer
Du bout tranchant de voſtre forte lance
Le nom ſacré de Charles & de France,
Et de Henry & de tous vos ayeux
Qui ſont au Ciel à la table des Dieux,
   Or ce Deſtin qui tel bien vous deſire,
N'a ſeulement deſigné voſtre Empire,
Faicts vertueux, triomphes de bon-heur,
Villes chaſteaux, dont vous ſerez ſeigneur,
Terres & mers: mais il a d'auantage
Depeint vos mœurs vos yeux voſtre viſage
Et voſtre taille, à fin qu'eſtant venu
Fuſſiez de tous par vos ſignes cogñus:
Et pour remarque il a bien voulu mettre
De voſtre nom la capitale lettre,
Vn C. fatal, lettre qui par neuf fois
A commencé le beau nom de nos Rois.
   Ce Roy qui doit (ce dit la Deſtinée)
Tenir ſous ſoy la terre dominée,
Aura le teint comme entre noir & blond,
Palle-vermeil, le viſage vn peu long,
Les yeux chaſtains, la taille droite & belle,
Poſé maintien, la grace naturelle,
Vne voix douce, vn parler ſage & pront,
Belle la greue & la main & le front
Ayant au corps vne ame genereuſe,
Et la ieuneſſe actiue & vigoreuſe.
Au reſte humain, non trompeur, non moqueur,
Non renfrongné, non remply de bas cœur,
Non abuſeur, non controuueur de ruſes,
Et par-ſur tout grand hoſtelier des Muſes.

Qui de la main en laquelle il aura
L'estoc sanglant en sa tente escrira,
Comme vn Cesar des liures dont la gloire
Des ans veinqueurs combatront la victoire,
Portant au frout deux replis de Laurier,
Pour estre ensemble & sçauant & guerrier:
Car pour bien faire il faut qu'vn Roy se serue
De l'vne & l'autre excellente Minerue.

Or en voyant tous ces signes en vous,
Ie suis certain (ainsi le croyons tous)
Qu'estes ce Roy de qui la Parque sage
A tant rendu par escrit tesmoignage,
Vous ordonnant tout ce grand Vniuers:
Et c'est pourquoy ie vous offre mes vers
Auec l'ouurier qui boüillonne d'enuie
D'vser pour vous ses plumes & sa vie.

Doncq' aussi tost que la viue vertu
Vous armera du fort glaiue pointu,
Et qu'on oyrra pour l'honneur de vos Gaules
Le corselet sonner sur vos espaules,
Ayant la fleur de la ieunesse attaint,
Des ennemis comme vne foudre craint:
Allez combatre allez à la bonne heure,
Conquerir tout sous fortune meilleure,
Et fait veinqueur apportez à foison
Mille Lauriers dedans vostre maison.

Moy plus armé de plumes que d'espée,
Suiuray du camp la victoire trempée
Au sang veincu. Si quelque Cheualier
Fait vn beau coup entourné d'vn millier
Des ennemis, ie seray sous ma plume
Sonner son coup comme vn fer sur l'enclume,

Qu'vn noir Vulcan des deux hanches tortu
Bat au marteau de flames reuestu.

I'ay d'vne ardante & brusque fantaisie
Dés la mammelle aimé la Poësie,
Ainsi qu'on voit les hommes volontiers
Ou par destin suiure diuers mestiers,
Ou par l'instinct de leur propre nature
L'vn la Musique, & l'autre la Peinture,
L'vn va du ciel les astres recherchant,
Et l'autre vit ou guerrier ou marchand.

Moy qui l'honneur plus que les biens estime,
Né d'vne race antique & magnanime,
Franc d'auarice & pur d'ambition,
Libre de toute humaine passion,
D'vn esprit vif ardant & volontaire,
Pour la vertu i'ay quitté le vulgaire,
Villes chasteaux bourgades & marchez,
Et suis allé par les antres cachez,
Par les deserts, riuages, & montaignes,
Suiure les pas des neuf Muses compagnes,
Qui toute nuict m'enseignent par les bois
A ne chercher autres maistres que Rois,
Et à pousser iusqu'aux troupes celestes
Ceux qui en guerre ont osé de beaux gestes,
Et qui d'vn cœur auantureux & fort
Vne loüange achetent par la mort.

Quiconque aura pour marque memorable,
Dans l'estomac vne playe honorable,
S'en-vienne à moy: son coup si noble & beau,
Priué d'honneur n'ira sous le tombeau.

Pource mon Roy, s'il vous plaist que ie face
La Franciade, œuure de long espace,

Oyez mes vœux; il seroit bien saison
Qu'eussiez esgard à mon cheueul grison,
Sur qui desia l'autonnale tempeste
A fait gresler quarante ans sur la teste:

   Bien tost semblable au bon cheual guerrier
Qui souloit estre au combat le premier,
Et tout couuert d'vne belle poussiere
Gaignoit veinqueur le prix de la carriere
Le chef orné de roses, maintenant
Languit poussif à l'estable prenant
Sans nul soucy de fleurs ny de bataille.
Le peu de foin que son maistre luy baille.

   Doncq s'il vous plaist Sire n'attendez plus
Que ie sois vieil impotent & perclus,
Fascheux hargneux aiant l'ame estourdie
Et tout le corps de longue maladie.

   Mais or que i'ay tout l'esprit vigoureux,
Le genou fort & le sang genereux,
Commandez moy & m'aimez tout ensemble
Et m'honnorez: ces trois poincts (ce me semble)
Font le Poëte heureux & glorieux,
Le font gaillard le poussent iusqu'aux cieux.

   Car sans honneur la Muse consommée
De long trauail s'alambique en fumée,
Et l'escriuain qui n'a le plus souuent
Qu'vne promesse aussi froide que vent,
Deuient poussif & retif à l'ouurage:

   Le seul honneur luy hausse le courage,
Quand il se voit d'vn Prince bien traité,
Comme ie suis de vostre Maiesté.

A LVY-MESME.

SI les souhaits des hommes auoient lieu,
Et si les miens estoient ouys de Dieu,
Ie luy ferois vne requeste, Sire,
De vous donner nõ vn meilleur Empire,
Non plus de grace ou plus grande beauté,
Non plus de force ou plus de Royauté,
Ou plus d'honneur pour illustrer vostre âge,
Mais vous donner six bons ans d'auantage.
D'où vient cela qu'au retour des beaux mois
On voit les fleurs les herbes & les bois
Croistre soudain, & les Rois de la terre
Qui dessous Dieu ont le second tonnerre,
Qui doiuent tant de Prouinces tenir,
Mettre en croissant si long temps à venir?
Alors qu'vn Prince a pleine cognoissance
De ses suiets, il n'a plus de puissance.
Quand Iupiter dedans Crete habitoit,
Et qu'Amalthée en l'antre l'alaitoit,
Et que petit auecque sa compagne
Ne derampoit sur Ide la montagne,
Il n'estoit craint, bien que sa maiesté
Desia monstrast mainte viue clairté.
Mais aussi tost qu'il dressa le trophée
Du fort Bryare & du geant Typhée,
Et qu'il eust mis la foudre entre ses mains,
Lors il fut craint, des Dieux & des humains.
Charles, c'est vous à qui le Destin donne

Non seulement la superbe Couronne
Que vos ayeux desur le chef portoient,
Et de leur bruit les peuples surmontoient:
Le ciel amy de vos vertus appelle
Vostre ieunesse à victoire plus belle.

  Incontinent que vostre beau menton
Sera doré d'vn iaunissant cotton,
Comme Alexandre, aurez l'ame animée
Du chaud desir de conduire vne armée
Outre l'Europe & d'assauts vehemens
Oster le Sceptre aux puissans Ottomans,
  Qui sous leurs mains par armes ont saisie
Tout le meilleur d'Europe & de l'Asie,
Lesquels hardis d'hommes & de vaisseaux
Ont d'auirons la couuertes les eaux
Qu'on voit flotter dessus la mer Tyrrhene:
Ont ia campé leurs soldars sur l'arene
De la Sicile & de Calabre, afin
Que nostre loy par le Turc prenne fin:
S'il ne vous plaist d'vn valeureux courage
Vostre puissance opposer à leur rage.

  Et bien qu'ils soient hautains & glorieux
De tant de Rois les Rois victorieux,
Et que d'enflure ils ay'nt l'ame grossie,
Si craignent-ils pourtant la Prophetie.
  C'est qu'vn grand Roy de France doit vn iour,
En les dontant & chassant du seiour
Que Constantin esleut pour sa demeure,
Rompre leur Sceptre, & d'vne foy meilleure
Gaigner les cœurs de peuples Asiens,
De Circoncis en faire des Chrestiens,
François d'habits, de meurs & de langage.

Ie me promets par signe & par presage,
Et par augure & par sort, que c'est vous
Qui les deuez abbatre à vos genous,
Et que vous seul en aurez la victoire,
Et de Mahon effacerez la gloire.
   I'enten desia vos soldats fremissans,
Et les cheuaux sautans & hennissans
Dessous le faix de vos braues gend'armes
Ie voy l'esclair du bel acier des armes
Sous le Soleil s'esclatter iusqu'aux cieux:
Ie voy vostre Ost conduit par les bons Dieux,
Sans que la peine ou la peur le surmonte,
Desia campé sur le bord d'Hellesponte.
   Courage Prince! encor'n'estes-vous pas
Le premier Roy de France qui les pas
Aura planté sur la terre Payenne
Pour le soustien de nostre foy Chrestienne!
   Vn Roy Loys endossé du harnois,
Y a dressé les honneurs des François.
   Ce Godefroy ieune Duc de Lorraine,
D'hommes croisez couurit toute leur plaine,
Print Cormoran le grand Gean & fist
Si vaillemment qu'apres il desconfist
Tous les Payens par la gent baptisée:
Cassa leur Sceptre, & leur gloire brisée
Dessous ses pieds en triomphe foula,
Et combatant se fist Seigneur delà.
Vous plus grand Roy deuez bien vous promettre
Les faits qu'vn Duc à fin a bien sceu mettre,
Pauure de biens, & riche de bon-heur,
Qui par vertu s'acquist si grand honneur.
   Là vous voirrez tant de villes hautaines

Fieres du nom de ces vieux Capitaines,
Alexandrie, Antioche, & aussi
Celle qui riche esleue le sourci,
Du nom d'Auguste, & celle qui la gloire
Retient encore d'vne heureuse victoire.

Là vous voirez mille peuples diuers
D'habits, de mœurs, de langage couuerts,
L'vn de Laurier, l'autre vestu d'hyerre,
Vous saluer le Seigneur de leur terre,
Et remerquant en vous cent Deitez
Vous presenter leurs cœurs & leurs citez.

De l'autre part la Grece qui est telle
Qu'onque en beauté terre ne fut plus belle,
Qui a conceu tant de peuples guerriers,
Et tant de fronts couronnez de Lauriers,
Mere des Arts, des Philosophes mere,
Dont l'ame viue ingenieuse & clere
Abandonna la terre (pesant lieu)
Et d'vn grand cœur s'en-volant iusque à Dieu,
Le voulut voir le cognoistre & l'apprendre:
Puis se laissant par les Astres descendre
Leur fist des noms & congnut leur vertu,
Vit le Soleil de flames reuestu,
D'Argent moiteux vit la Lune accoustrée,
Et son char brun qui conduit la Serée:
Cognut leurs tours distances & retours,
Cognut les ans les heures & les iours:
Sceut le Destin & ce qu'on dit Fortune:
Cognut le haut & le bas de la Lune,
L'vn immortel l'autre amy du trespas:
Sceut la raison pourquoy tombent çà bas
Flames, esclairs, & foudres, & tonnerres

Cognut de l'air les accords & les guerres,
Cognut la pluye & la neige & le vent.
    Puis tels secrets hautement escrivant
De main en main les fist à l'homme apprendre,
Et tout le ciel en terre fist descendre,
Ne laissant rien en la voûte des cieux
Dont son labeur ne fust victorieux.
    Bref ceste Grece, œil du monde habitable,
Qui n'eut iamais n'y n'aura de semblable,
Demande, helas! vostre bras tres-Chrestien
Pour de son col desserrer le lien,
Lien Barbare impitoyable & rude,
Qui tout son corps gêinne de seruitude
Sous ce grand Turc, qui presque de l'esprit
Du peuple Grec a chassé Iesus-Christ,
Et luy pillant de ses enfans & ses villes
Le rend esclaue à choses tres-seruilles.
Or si la Foy vous esmeut à pitié,
Si aux captifs portez quelque amitié,
Vous deuez, Sire, armer vos mains fidelles
Pour racheter tant d'ames immortelles
Qui sous Mahom s'en-vont desia perir,
S'il ne vous plaist bien tost les secourir.
    Ah! si ie puis iusqu'à tel âge viure
Que vos combats ma plume puisse suiure,
Tout au milieu de vos assauts diuers,
Fifres tabours, ie chanteray mes vers,
A l'enuy d'eux, si bien qu'on pourra dire
Que vos canons feront place à ma Lyre.
    Alors d'Aurat qu'Apollon a nourry,
Belleau des sœurs le nourisson chery,
Ne me vaincront, non pas Apollon mesme,

Car plain d'ardeur & d'vne enuie extreme
De bien chanter comme tout furieux
Vostre beau nom i'enuoiray iusqu'aux Dieux.

Tandis la paix en voz terres florisse,
La paix le peuple & les Princes nourrisse:
Florisse aussi la iustice & les lois
Iusques au iour que le puissant harnois
Pour le soustien de vos fertiles Gaules
Face vn grand bruit sur vos ieunes espaules
Et que tenant les armes en la main
Soyez l'honneur de tout le genre humain,
Faisant marcher deuant vous la Iustice,
Pour corriger les meschans & le vice:

Lors vostre sceptre opulent & puissant
De iour en iour se voirra florissant,
Et serez dit comme le bon Auguste,
Non pas vn Roy mais vn pere tres-iuste.

A TRES-HAVTE ET TRES.

ILLVSTRE ET TRES-
vertueuſe Princeſſe, Eliza-
beth, Royne d'An-
gleterre.

Ｍon cœur eſmeu de merueilles ſe ſerre
Voyãt venir vn Frãçois d'Angleterre,
Lors qu'il diſcourt cõbiē voſtre beauté
Donne de luſtre à voſtre Royauté.
Alors ie dy, ſi ceſte Royne Angloiſe
Eſt en beauté pareille à l'Eſcoſſoiſe,
On voit enſemble en lumiere pareils
Dedans vne Iſle eſclairer deux Soleils.
Ou bien on voit deux flames eſclairantes
De meſme feu, mais de ſort differantes.
On dit qu'au temps que les Dieux viſitoient
La bonne terre, & les peuples hantoient,
Que l'Iſle voſtre alloit libre ſur l'onde,
Comme Delos errante & vagabonde,
Et que ſon pied par vn nouueau deſtin
N'eſtoit ſerré d'vn lien aimantin,
Mais ſans tenir à nulle chaiſne dure
Flot deſur flot erroit à l'auanture.
Souuentefois le nocher Hirlandois
L'a rencontree au riuage Flandrois
Pres de ſa nef ſur la vague eſcuée,
Puis au retour bien loing l'a retrouuée.

Aucune fois sautant comme vn mouton
S'alloit iolier au riuage Breton,
Puis en flotant où son pied luy commande,
Se blanchissoit de l'escume Normande:
　Aucune fois s'en-venoit balloyer
Le flot qui vient à Boulongne ondoyer,
Puis tout soudain sauteloit à la riue
Où l'Ocean à Graueline arriue:
Puis alloit voir les Orcades apres
D'vn long chemin retournoit vers Calais.
　Vn iour estant vers Calais arrestée,
Voicy venir le Dieu marin Protée,
Qui de son gré vagabond s'absentoit
Bien loing d'Egypte où Prophete habitoit,
Ayant laissé sa demeure fertille
Trop irrité contre sa propre fille,
Qui par present l'auoit mis dans les laz
(Comme il dormoit) du Prince Menelas.
　Or il auoit par vn long nauigage
Desia passé d'Hercule le bornage,
Touché Marseille, & ia voyoit la mer
Contre les bords de Gascongne escumer:
Desia plus bas à la riue voisine
Voyoit flotter la vague Poiteuine,
Suiuant tousiours en noüant plus auant
Le flot qui va la Bretagne lauant.
　Comme il estoit à la riue qui baigné
Le port Icin d'vne ondeuse campagne,
Il veit vostre Isle, & si tost qu'il la veit
Flottant sur l'eau sa beauté le rauit:
Lors abaissant contre la mer sa teste
Fist à Neptune vne telle requeste.

Pere Neptune, à qui le flot chenu

Tiers lot du monde en partage est venu,

Lors que vous trois, Saturnien lignage,

De ce grand tout diuisiez l'heritage,

Aux autres Dieux ne laissans rien si non

Que la frayeur de vostre sacré nom:

　O Pousse-terre, Embrasse-terre, ô Pere

Dont le sourcy la marine tempere,

Si de ton sang Prince ie suis sorty,

Et que vers toy ma Mere n'ayt menty,

Donne à ma peine vne pause meilleure,

Et me permets ceste isle pour demeure

　A peine eut dit que Neptune l'ouyt,

Et de la voix de son fils s'esiouyt:

Puis fendant l'eau de son eschine bleuë

Mit sur la mer sa teste cheuelue,

Et luy respond: Ce n'est pas toy mon fils

Qu'on doit nier, à qui pere ie fis

Don des trompeaux qui ronflent sur l'arene

Dormans aux bords d'Egypte & de Palene:

Entre en ceste Isle & en don la reçoy,

Qui est mon fils assez riche pour toy.

　Disant ainsi de toute la puissance

De son Trident frappa le bord de France,

Et tellement son bras il estendit,

Qu'en le frappant en deux parts le fendit:

Puis destiant de la racine entorse

Le fondement, le pousse à toute force,

Et le tirant en arrache vn morceau

Qu'il fist rouller bond à bond desur l'eau

Iusques à l'Isle, & les mist ensemble:

Comme vn maçon qui de sa chaux assemble

Pierre à la pierre, & à coups de marteau
De deux rochers ne fait qu'vn seul château.
  Puis en plongeant dessous l'Isle qui erre
Encor' sous l'eau, la lia contre terre :
D'vn estroit nœud, comme vn Tisseran fait
Quand en ouvrant sa trame se desfait :
Adonc il prend des deux trames ensemble
Les bouts rompus, & d'vn nœud les assemble
Fil contre fil, puis d'vn filet entier
Ourdist parfaite vne toile au mestier.
Adonc Proté ioyeux en son courage
D'vn tel present gaigne le bord à nage :
Baiza la riue, & la terre accolla,
Puis vray Prophete à l'Isle ainsi parla.
  Isle qui fus solitaire & deserte,
D'aspres buissons & d'espines couuerte,
Haute maison des Sangliers escumeux,
Et des grands Cerfs au large front rameux
Qui n'eux iamais la poitrine ferne
Du soc aigu de la croche charrue,
Vn temps viendra (& le voicy venir)
Qu'on te doit voir triomphante tenir
Le premier rang entre toutes les Isles
Qui sont en biens & en peuples fertiles :
  Et quand Neptun' de la mer gouuerneur
Appellera les Isles par honneur,
Tu marcheras deuant l'Isle de Crete,
Bien qu'elle soit la nourrice secrete
De Iupiter, & marcheras aussi
Deuant Samos de Iunon le souci,
Et deuant Rhode' ingenieuse encore
Que le soleil sur toutes elle adore.

Loin te suiuant les Orcades viendront
Apres ta queuë, & seruantes tiendront
Rang apres toy, estant Princesse telle
Que de ton sein à la large mamelle
Alaicteras mille vaillans Artus,
Grands Rois armez de fer & de vertus:
Du sang Tyran les mains auront trempées,
Et des grands coups de leurs grandes espées,
En combattant pour l'honneur de l'Amour
Feront sonner les forests d'alentour.

De tels guerriers courra par tout le monde
L'honneur fameux & de leur Table ronde,
Grands Palladins de prouësse animez,
Qui aux combats armez & desarmez
Pour le secours des pauures Damoiselles
Hardis feront des emprises si belles
Que le vieil temps n'en sera le veinqueur,
Tant vaut l'Amour espris en vn bon cœur.

De là viendront les Preux & les Gendarmes,
De là viendront les escolles des armes,
Combats, assauts, barrieres, & tournois,
Et de briser le fer sur le harnois.

Entre ces Preux doit regner vn Prophete,
Que vif & sain vne femme parfaicte
En art Magiq' enfermera dedans
Vn froid tombeau pour y finir ses dits.

En ce tombeau l'ame sera viuante,
Et dedans l'ame vne voix resonnante
Entre les os, qui dira les destins
Et les dangers aux nobles Palladins,
Oyant l'oracle en mainte & mainte sorte
De la despouille ensemble viue & morte.

De tous

De tous les Dieux tu seras en bonheur:
Mesmes Iunon respandra le bon-heur
Dessus tes champs de sa mammelle pleine:
Vn seul Bacchus doit se bousser de haine
Contre ton Isle, & comme à tes voisins
N'enrichira tes coutaux de raisins.

　Mais quelque iour Ceres la vagabonde
Ayant tourné les quatres parts du monde,
Cherchant sa fille au trauers des humains,
Tenant deux Pins allumez en ses mains
Doit arriuer lassée à ton riuage
Qui pour du vin te doit faire vn bruuage
Non corrosif ny violent ny fort,
Trouble-cerueau ministre de la mort,
Mais innocent à la prouince Angloise,
Et de Ceres sera nommé Ceruoise,
Qui se pourra si gratieux trouuer
Que tes voisins s'en voudront abreuuer.

　Bien tost verras ta terre fructueuse
Estre en Palais superbe & somptueuse,
Et en citez & en ports spacieux,
Dont les sommets voisineront les cieux.

　Alors Ceres d'Amalthé la compaigne,
Fera iaunir de froment ta campaigne,
Et tous tes champs auront le ventre plein
De mines d'or & d'argent & d'estain,
Qu'au plus profond de tes plus riches veines
Le grand troupeau des Nymphes souterraines
Iront cherchant, choisissant, affinant,
Lauant, cuisant, & d'vn marteau sonnant,
Desur l'enclume à la fournaise neuue
Feront d'argent ondoyer vn grand fleuue,

D

Qui doit seruir de mounoye à chacun:
Car à chacun l'argent sera commun.
  D'autre costé le long de tes riuages,
Entre les fleurs au milieu des herbages,
Ou sur les monts aux verdoyans coupeaux,
Verras errer mille & mille troupeaux
Blancs comme laict, dont la Lune amoureuse
De leurs toisons seroit bien desireuse:
Car comme on dit, la Lune eut le cœur pris
D'vne toison blanche de riche prix.
  Ainsi qu'on voit desur l'arene blonde
De la grand mer, vne onde suiure vne onde,
Puis sur vne autre vne autre s'eleuer:
Ainsi verras à l'estable arriuer
Deuers le soir ou à midy sous l'ombre,
De grands troupeaux vne foulle sans nombre
L'vn apres l'autre, & marchant en auant
D'vn ordre espais iront s'entre-suiuant
Troupe sur troupe emplissant les estables:
Les vns seront d'âge & de poil semblables,
Les vns cornus & les autres laineus
Dont les toisons crespes de milles nœuds
Perdant par art leur premiere nature
Se changeront en diuerse teinture,
Que les grands Rois tourneront en habits
Ornez du don de tes riches brebis.
  Bien tost verra la Tamise superbe
Maint Cygne blanc les hostes de son herbe,
Chantant en l'air d'vn son melodieux
Tourner ses bords & resiouyr les cieux:
Oiseaux sacrez à Phebus pour predire
Que les bœuf Saints, & l'autheur de la Lyre,

Changeant la Grèce, y feront quelque iour
Comme en Pæninse vn desiré seiour,
Pour enuoyer aux nationx estranges
Des Rois Anglois les fameuses louanges.

Puis se tournant deuers le pied mangé
D'vn chesne creux, aduise vn camp logé
De blonds fourmis, qui dedans leur tesniere,
Brilloient counerts de paille & de fougere.

Change, Neptune, en peuple (ce dit-il)
Tout ce monceau diligent & subtil
A trauailler, & à mettre en reserue
D'vn prudent soin le bien qui nous conserue,
Pour estre actifs & soigneux tout ainsi
Qu'est le fourmy au labeur endurcy.

A peine eut dit que le chesne remuë
Sans aucun vent sa perruque menuë,
Et en branlant ses rameaux accorda
Ce que Protée en priant demanda.

Lors ces fourmis en hommes se trouuerent:
Vn plus grand corps sur deux pieds esleuerent:
Aux deux costez des espaules leur pend
Comme rameaux des grands bras: & plus grand
Deuint leur chef, & plus grande leur bouche:
Et pour le creux d'vne sauuage souche
Vont par les champs de rang comme ils souloient
Aller l'Esté quand les champs ils pilloient,
Lors qu'ils chargeoient sur leur dos porte-proye
Les grains de bled par vne estroitte voye.

Ces animaux de nouueau transformez
De grands outils se virent tous armez:
L'vn plante aux champs vne forte charruë,
L'autre en ses mains porte vne bisague,

D ij

L'vn tient vn van, l'autre tient vn rateau,
L'autre vne fourche, & l'autre vn grand couteau:
Mais la plus-part branloit armes guerrieres,
Haches, poignars , piques, lances fresnieres,
Arcs voutez d'If, fleches, traicts, & carquois,
Et sur le dos leur sonnoit le harnois,
Race de gens vaillante & magnanime,
Aspre au combat, & qui guerriere estime,
L'homme estre heureux & comblé de bon-heur
Quand par la vie il achete l'honneur.

Adonc Proté voyant tant de gens-d'armes,
Qui desiroient de nature les armes,
Pareils en âge, en force, & en vigueur
De tel propos leur intellissoit le cœur.

Contentez vous, enfans, de vostre terre,
Et si ardans ne courez à la guerre:
Comme amoureux du sang ne bataillez,
Et vos voisins par armes n'assaillez:
Par vous ne soient en poignantes espeis
Ny vos rateaux ny vos faulx detrampées,
Et ne creusez vos sapins en vaisseaux,
Et pour le gain ne tourmentez les eaux.

Soient vos esprits amoureux de science
Du cours du Ciel, ayez experience
Des Arts humains qui font l'homme courtois;
Vos grand's Citez ornez de belles Lois,
Ne les changeant quand elles sont receuës
Pour autres Loix nouuellement conceuës:
Aimez les bons, chastiez les meschans,
Et bien-heureux viuez parmy vos champs.
Las ! i'ay grand peur que ce morceau de terre
Qui de la France est ioinct à l'Angleterre,

cause ne soit de malheur auenir:

Comme estranger ne se pourra tenir
De retourner au lieu de sa naissance,
Et vous apres auecq'forte puissance
Pour le r'auoir franchirez vostre bord,
Mettant sans fin vos terres en discord.

N'offensez point par armes ny par noise,
Si m'en croyez, la prouince Gauloise:
Car bien qu'il fust destiné par les Cieux
Qu'vn temps seriez d'elle victorieux,
Le mesme Ciel pour elle a voulu faire
Autre destin au vostre tout contraire.

Le Gaulois semble au saule verdissant:
Plus on le coupe & plus il est naissant,
Et re-iettonne en branches d'auantage,
Prenant vigueur de son propre dommage:
Pource viuez comme amiables sœurs:
,, Par les combats les Sceptres ne sont sœurs.

Quand vous serez ensemble bien-vnies,
L'Amour la foy deux belles compagnies
Viendront çà bas le cœur vous eschaufer
Puis sans harnois sans armes & sans fer,
Et sans le dos d'vn corselet vous ceindre,
Ferez vos noms par toute Europe craindre:
Et l'âge d'or veira de toute pars
Fleurir les Lis entre les Leopars.

Tu ne seras Isle bien-accomplie,
Claire d'honneur & de vertu remplie,
Sinon au iour qu'vne Royne naistra,
Qui comme vn astre icy apparoistra:
Elle aura nom Elizabeth, si belle
Qu'autre beauté ne sera rien pres d'elle.

Ceste Princesse au cœur Royal & haut,
Pleine d'vn sang tout magnanime & chaud,
Ieune de face & vieille de prudence,
Par grande ardeur fera la guerre en France,
Courrant le dox de Neptune venteux
De Caracons & de vaisseaux ventreux,
Qui de leurs creux sur l'arene semée
Feront espandre vne moison armée
D'hommes chargez de harnois fremissans,
Et de cheuaux aux combats hennissans.

　　Mais rencontrant vne Royale prudente,
Qui des François sera sage regente,
Viue d'esprit & meure de conseil,
Doit retirer soudain son appareil,
Apres auoir sa gloire accompagnée
Au premier bord d'vne ville gaignée.

　　Puis sans auoir de Mars trop de souci,
Elle estant Royne, & l'autre Royne aussi,
Estimeront les Maritales flames
Duire plutost aux gendarmes qu'aux femmes,
Qui de nature ont le sexe plus doux,
Enclin à paix ennemy de courroux.

　　Pource on verra bien tost fleurir entre elles
Des amitiez pour iamais eternelles,
Qui les feront plus craindre que les Rois
Qui sur le dos ont tousiours le harnois,
D'autant qu'on voit la paix estre meilleure
Que le discord qui sans amis demeure.

　　A tant se teut le Dieu marin Proté,
Qui du riuage en la mer est sauté:
La mer l'enferme & l'eau qui piroüette,
Fist mille tours sur le chef du Prophete.

A TRES-ILLVSTRE ET

VERTVEVX PRINCE, PHI-
lebert Duc de Sauoye, Prince
de Piémont.

V Ous Empereurs, vous Princes, & vous
Rois,
Vous qui tenez le peuple sous vos lois,
Oyez icy de quelque prouidence
Dieu regit tout par sa haute prudence
Vous apprenderez tant soyez-vous appris:
Puis vous aurez vous mesmes à mespris,
Et cognoisterez par prenue manifeste,
,, Que tout ce faist par le vouloir celeste.
Qui oseroit accuser vn potier
De n'estre expert en l'art de son mestier,
Pour auoir fait d'vne masse semblable
Vn pot d'honneur, l'autre moins honorable?
D'en faire vn grand, l'autre plus estreci,
Plomber celuy & dorer cetui-ci?
Qui voudroit donc accuser d'iniustice
Le Tout-puissant comme auteur de malice,
Si d'vne masse il fait vn Empereur,
Et de la mesme vn pauure Laboureur?
Il est matiere, & nous sommes la forme,
Qui à son gré nous change & nous transforme.
Il ne faist point pour ma cause approuuer
Vn tesmoignage és histoires trouuer,

D iiij

Ny rechercher les histoires antiques
Ny des Romains ny des hommes Attiques,
Toy Philebert, Duc des Sauoysiens,
M'en fourniras plus que les anciens.
Doncques à toy ma parole i'adresse,
Mettant à part les histoires de Grece.

Quand par fortune, ou par le vueil des Cieux
Le pere tien eut veu deuant ses yeux
Tout son païs reduit sous la puissance
De son neueu, vn puissant Roy de France:
Et d'autre-part qu'vn Empereur plus fort
Le maistrisoit sous ombre de support,
Et qu'en ta terre en ce poinct occupée
Ne te restoit que la cape & l'espée,
Simple Seigneur, ayant de ta maison
Perdu le bien contre droit & raison,
Tousiours en doute espiant la fortune
Qui ne te fut qu'à regret opportune;
„ (Car volontiers le sort impetueux
„ Rompt le dessein de l'homme vertueux.)

Qui eust pensé qu'apres tant de trauerses,
Que les beaux faits de tes guerres diuerses
En ton païs grand Duc t'eusse remis,
Estant ami de tous tes ennemis,
Comme celuy que Mauors accompagne
Sous la faueur du Monarque d'Espagne:
Or tu n'as pas comme par vn destin
Mis seulement ton entreprise à fin,
En regaignant tes terres detenuës
Qui sous ta main volontiers sont venuës.
Où tes ayeux vn peu moindres que Rois,
Par si long temps auoient donné leurs lois;

Tu as aussi comme par destinée
La Sœur du Roy pour espouse emmenée,
La Marguerite en qui toute bonté,
Honneur vertu douceur & maiesté,
Toute noblesse & toute courtoisie
Ont dans son cœur leur demeure choisie.

Et bien que mille & mille grands seigneurs,
Riches de biens de peuples & d'honneurs,
La Marguerite en femme eussent requise,
La destinée à toy l'auoit promise
Pour iouyr seul de ce bien desiré,
Pour qui maint Prince auoit tant souspiré.

Or ceste vierge en vertus consommée
D'vn cœur treshaut desdaignoit d'estre aimée,
Et comme vn roc qui repousse la mer,
Hors de son cœur poussoit le feu d'aimer.

Ainsi qu'on voit vne belle genice,
A qui le col n'est pressé du seruice,
Loing des torreaux par les champs se iouant,
Aller du pié l'arene secouant,
Hausser le front & marcher sans seruage
Où son pied libre a guidé son courage,
Sans point encores auoir tout à l'entour
Du cœur senti les aiguillons d'amour:
Ainsi marchoit & ieune & toute belle
Et toute à soy la Royale Pucelle,
Comme vne Nymphe errante par les bois,
Qui suit Diane, & porte son quarquois.

Aucunefois auec ses Damoiselles,
Comme vne fleur assise au milieu d'elles,
Guidoit l'aiguille & d'vn art curieux
Ioignoit la soye à l'or industrieux.

Deſſus la toille ou ſur la gaze peinte
De fil en fil preſſoit la laine teinte,
Et d'vn tel ſoin ſon ouurdge agençoit,
Que d'Arahné le meſtier effaçoit.
Mais plus ſon cœur elle addonnoit au liure,
A la ſcience à ce qui fait reuiure
L'homme au tombeau, & les Doctes meſtiers
De Calliope exerçoit volontiers,
En attendant que Fortune propice
Euſt ramené toy ſon futur Vlyſſe:
Seule en ſa chambre au logis t'attendoit,
Et des amans chaſte ſe defendoit.
    Mais quand tu vis ſauteler la fumée
De ton pays elle in-accouſtumée,
Du feu d'aimer par vn trait tout nouueau
Recent d'amour tout le premier flambeau,
Qui deglaça ſa froidure endormie,
Et de farouche en fiſt ta bonne amie:
Flechit ſon cœur, lequel auoit appris
D'auoir Venus & ſes ieux à meſpris:
Et comme on voit vne glace endurcie
Sous vn Printemps s'eſcouler addoucie,
Ainſi le froid de ſon cœur s'eſcoula,
Et en ſa place vn Amour y vola:
Voyant celuy auquel ains qu'eſtre née,
Pour femme eſtoit par deſtin ordonnée.
    Or vivez donc heureuſement vivez
Et deuant l'an vn enfant conceuez,
Qui ſoit à pere & à mere ſemblable,
D'vn beau pourtrait à tous deux agreable:
Vivez enſemble & d'vn eſtroit lien
Ioignez tous deux le ſang ſauoiſien

Et de Valois en parfaite aliance:
Si qu'à iamais soupçon & desfiance
Soit loin de vous & en toutes saisons
La paix fleurisse entre vos deux maisons
De ligne en ligne & sur les fils qui d'elle
Naistront apres d'vne race eternelle.

A TRES-ILLVSTRE PRIN-
ce Charles, Cardinal
de Lorraine.

I'Ay procés intenté contre vostre gran-
deur,
Vous estes defendeur & ie suis deman-
deur:
I'ay pour mon Aduocat Calliope , &
pour iuge
Phebus qui vous cognoist & qui est mon refuge:
Et pour vostre Aduocat vous auez seulement.
Il me plaist, ie le veux, c'est mon commandement.
Or deuant que plaider il ne faut penser estre
Prince ny Cardinal, Monseigneur, ny mon maistre,
Issu de Charlemaigne, & de ce Godefroy
Qui par armes se fist de Palestine Roy,
Ny oncle de la Royne, ou celuy qui la gloire
Remporta sur Luther d'vne saincte victoire:
Ou celuy qui ce regne a purgé des mutins,
Acte plus grand que ceux des Empereurs Latins.

Mais il faut penfer eftré vn d'entre la vulgaire.
Et perfonne priuée autrement mon affaire
Auroit mauuaife iffuë, & fans hureux fuccés
Ie ferois en danger de perdre mon procés.
  Pource ne venez point comme vn Dieu de la Frãce,
Aduocat ne prendroit contre vous ma defence.
Ne parlez poinct auffi: car voftre docte vois
Qui fçait gaigner les cœurs des peuples & des Rois,
A qui la triple Grace, & Pithon où abonde
L'eloquence ont verfé le miel de leur faconde,
Vous faifant vn Neftor trop diferte feroit
Que le tort eloquent du droict triompheroit.
,, Toute mauuaife caufe auec art bien plaidée
,, Eft plus que le bon droict fouuent recommandée.
Donc fans vouloir par art la mienne defguifer,
Mon aduocat vous veut fimplement accufer
Se fiant en fon droict (tout iuge veritable
Donne pour l'innocent la fentence equitable)
Et fi vous ennuyez de vous voir furmonté,
I'en appelle à vous feul, & à voftre bonté.
  Or de vous accufer il prend la hardieffe
De n'auoir vers Ronfard gadé voftre promeffe.
,, Tout homme qui ne veut fa promeffe tenir,
,, Se doit felon la loy feuerement punir:
,, Puis d'autant plus fe doit tenir la foy promife,
,, Qu'elle viét & d'vn Prince: & d'vn pafteur d'Eglife:
,, Ou ne promettre point: peu d'hõneur eft recen
,, Quand par le grand feigneur le petit eft deceu.
  Il dit par fes raifons que dés la fienne enfance
(Si cela peut feruir) eut de vous cognoiffance,
Et en mefme College & fous mefme Regent:
Il dit qu'en croiffant d'âge il eft creu diligent:

A vous faire seruice, & vous a quant au reste
En tous lieux honoré comme chose celeste:
Puis quand les aiguillons d'Apollon & l'erreur
Dont s'echauffent les cœurs le mirent en fureur,
Et que la Muse Grecque & la Muse Latine
Luy eurent viuement enflamé la poitrine,
Il conceut vos honneurs & en toute saison
N'a cessé de chanter vous & vostre maison.

Quand vostre frere aisné, par superbe entreprise
Engarda que de Mets la cité ne fust prise,
Et que Cesar enflé de vengence & d'orgueil
Vit en lieu d'vn trophée vn horrible cercueil
De ses hommes tuez qui plus ne remporterent
L'Aigle que pour enseigne és fossez ils planterent:
Il chanta la desfaite & si haut il volla
Que son vers genereux la victoire egalla:
Et s'il eut par sa lance vne belle victoire,
Ce Ronsard n'eut pas moins par sa plume de gloire,

Puis quand par la vertu que l'heur accompagna,
Vostre frere à Renti la bataille gaigna
Et que tous les Flamens & les peuples d'Espaigne
A son bras foudroyant quitterent la campaigne,
Il celebra sa gloire, & par son vers fut mis
La honte doublement au front des ennemis.

Puis quād les chiquaneurs se tourmētoient d'enuie
Dequoy vous reformiez les procés & leur vie,
Sans craindre leur fureur leur fraude & leur courrous,
Vous sacra la Iustice & la mist dedans vous:
A Rome vous l'enuoye, où point ne fut deceuë,
Car elle fut de vous benignement receuë,
Comme en vn cœur gentil de vertus remparé,
Qui luy estoit du Ciel pour logis preparé.

Puis qu'il vostre parent le grand Duc d'Austriste,
Eut la fille du Roy pour espouse choisie,
Et que le Palais veuf de procés & de plaids
Fit, en lieu d'aduocats, diuers peuples espais.
Crier Hymen Hymen, & les fueilles sacrées
Orner de ses posteaux les superbes entrees:
Pasteur mena sa Muse au chasteau de Meudon,
Il celebra la Grotte, & vous en fit vn don.
Tout Meudon tressauta sous les vers qui sonherent,
Le beau Chant nuptial les forests l'entonnerent,
Echo les rechanta; & plus de mille fois
Vostre nom fut appris aux antres & aux bois:
Tant vaut le gentil son d'vne Muse sacrée,
Quand par vn bon destin aux Princes elle agrée.

Lors qu'il fallut changer & tourner le discord,
Discord hydre testu, en vn paisible accord,
Vous fustes enuoyé comme vn sage Mercure
A chasteau Cambresis pour en prendre la cure,
Et vous faire apparoistre au milieu du Flamant,
De l'Anglois, de l'Ibere, vn diuin truchemant:
Il composa vostre Hynne, & comme vne pucelle
Qui va parmi les prez en la saison nouuelle
Pour charger son panier & son giron de fleurs
Qui bigarrent les champs de diuerses couleurs:
Elle ne laisse fleur ny petite ny grande
Sans en faire vn bouquet, puis va trouuer sa bande
Qui l'attend sur la riue, & versant son giron
Monstre toutes les fleurs des iardins d'enuiran:
Ainsin il ne laissa ny grande ny petite
Vertu qui fust en vous, qu'elle ne fust descrite,
Il en ourdit vn Hynne & sortant de ses mains
Vous en fist vn present, à fin que les Germains,

L'Espagnol, & l'Anglois, & toute l'assemblée
(Qui de diuisions seroit toute troublée)
Apprinssent vos vertus, & qu'il eust ce bon-heur
D'estre aux peuples lointains chastre de vostre hôneur.

Quand les François mutins, ains pestes de la France,
Armerent contre vous l'erreur & l'ignorance:
Quand le peuple incertain errant deçà-delà
Tenoit l'vn ceste foy, & l'autre ceste-là:
Et que mille placarts differoient vostre race,
Il opposa sa Muse à leur felonne audace,
Les desfiant tout seul, & hardi tant osa,
Que sa poictrine nuë à leurs coups opposa,
Bien peu se souciant de leur rage animée,
Pourueu qu'il fust fauteur de vostre renommée,
Vn chacun se taisant, car on ne sçauoit lors
Qui des deux camps auroit les destins les plus forts.
Il resueilla Baïf pour repousser l'iniure
Qu'on vous faisoit à tort par sa docte escriture:
Des-Autels & Belleau, & mille autres espris
Furent par son conseil de vos vertus espris
Il n'escriuit iamais qu'il n'eust la bouche pleine
Des illustres vertus de Charles de Lorraine,
Que mille & mille fois en mille & mille lieux
Esparses il sema comme estoiles aux Cieux.

Quand il auroit serui le plus cruel barbare,
Encore son seruice & sa plume assez rare,
Eschauferoit vn Scythe, & benin le voudroit
Fauoriser sur tous & luy garder son droit.

Adioustez d'autre part qu'il ne vous importune,
Et soit bien ou soit mal, il souffre sa fortune,
Se confiant en vous sans talonner vos pas,
Sans vous suiure au Chasteau à la chambre, au repas,

Comme ce vieil Prelat, las ! qui ne se contente
De voir en sa maison cent mille francs de rente,
Miserable Prelat ! ny son chef tout grison,
Ny le repos aimable en la vieille saison,
Ne l'ont peu retirer que serf il ne se rende
Et au vouloir d'autruy sa liberté ne rende.

Celuy pour qui ie plaide est d'autre naturel,
Bien peu se souciant de ce bien temporel
Qui s'enfuit comme vent, & n'estoit la contrainte,
Il ne feroit icy par ma bouche sa plainte.
Il a le cœur si haut qu'il aime mieux mourir
Sans support & sans biens, que de les acquerir
Par importunité comme ceux qui vous pressent,
Et iamais en repos vos oreilles ne laissent.

Et toutesfois, Seigneur, apres que ce Ronsard
A despendu pour vous son labeur & son art
A vous rendre immortel, pour toute recompence
Vn autre a pris le fruit de sa vaine esperance,
Vous ne l'ignorant point : car par vostre moyen
(L'ayant mis en oubly) vn autre a pris son bien:
Il vous en aduertit & vous en fist requeste:
Il tendit les filets, vn autre prist la queste.

Mais fortune & faueur qui ont la plus grand part
Du monde & de la Court n'y eurent pas esgard:
„ Ainsi les gros toreaux vont labourant la plaine,
„ Ainsi les gras moutons au dos portent la laine,
„ Ainsi la mousche à miel en son petit estuy
„ Trauaille en se tuant pour le profit d'autruy.
Hà ! que vous fustes fols pauures peres, de faire
Apprendre à vos enfans le mestier literaire:
Mieux vaudroit leur apprendre vn publique mestier,
Vigneron ; laboureur ; maçon ; ou charpentier,

Que celuy d'Apollon, ou celuy qui amuse
Les plus gentils esprits des bayes de la Muse,
Titres ambicieux, qui sans estre auancez,
Les fait estimer fols, furieux, insensez.

Sainct Gelais qui estoit l'ornement de nostre âge,
Qui premier des François nous enseigna l'vsage
De sçauoir chatouiller les oreilles des Rois
Par sa Lyre accordante aux douceurs de la vois,
Qui au Ciel egaloit sa diuine harmonie,
Vit (mal-heureux mestier!) vne tourbe infinie
De poltrons auancez & peu luy profitoit
Son luth, qui le premier des mieux appris estoit.

Du Bellay qui auoit grimpé dessus Parnase,
Qui auoit espuisé toute l'eau de Pegase,
Et dedans mesme grotte auecques moy dancé,
Ne fut, siecle de fer! d'vn seul bien auancé,
O cruauté du Ciel, ô maligne contrée,
Où iamais la vertu qu'en fard ne s'est monstrée;
Puis que les fols, les sots, les ieunes courtisans
Sont poussez en credit deuant les mieux disans!

Il faut donner les biens à ceux qui les meritent,
Bien qu'ils soyent loin du Prince: ainsi les biës profitēt
Quand ils sont peu cherchez: de là vient le bon-heur,
Et par là se cognoist le vouloir du Seigneur.

Ie pensois, ô Prelat, qui n'as point de semblable,
De qui l'esprit est vif, ardant & admirable,
Que vous seriez fauteur de ce troupeau diuin
Mais Phebus en cela me fut mauuais deuin,
Puis qu'en vostre presence & deuant vostre veuë
Ceste innocente troupe est par vous despourueuë
De faueurs & de biens, l'autre ame des humains,
Que vous pouuez donner sans apaunrir vos mains:

Ainsi dit Calliope & Phebus vous fist taire
De peur d'estre veinqueur, puis consultant l'affaire
Auec le bon Nestor Cardinal de Tournon,
Et le docte Hospital immortel de renom,
Apres auoir tous trois la matiere espluchée,
Et d'vne & d'autre part la raison recherchée,
Vous fustes condamné à l'amende vers moy,
A payer mes despens mon Prelat, & ie croy
Que vous acquiterez bien tost de vostre dete
Pour n'encourir l'aigreur d'vn meschant Poëte.

A TRES-VERTVEVX SEI-GNEVR FRANÇOIS DE Montmorenci, Mareschal de France.

LE petit Aigle apres auoir esté
Sans plume au nid tout le long del'Esté,
Incontinent que la faim & la mere
Le vont chassant, la naïue colere
Le fait sortir hors de l'aire & s'enfuit,
Où le sang chaud & le cœur le conduit,
Faire la guerre au Cygnes de Meandre,
Ou aux Canars lesquels n'osent attendre
La ieune ardeur de ce guerrier nouueau,
Ains froids de peur se mussent dessous l'eau.
  Le beau Poulain yssu de bonne race,
Brusque, & gaillard, laissant dessus la face

Et sur le col pendre ses longs cheueux
En desnoüant ses iarrests bien neruenx,
Court de luy-mesme, & brusque en sa furie
Fait mille bonds le long d'vne prairie,
Se façonnant pour deuenir guerrier,
Et d'vn grand cœur s'eslancer le premier
Sur l'ennemy, portant entre les armes
La barbe aux flancs & au dos l'homme d'armes,
Rendant son maistre & soy-mesme apris,
Pour du Laurier ensemble auoir le prix.
Car le cheual qui la victoire appreste
A son seigneur, veut part à la conqueste.

    Ainsi mon Duc, d'vn sage pere yssu,
De pareil germe auez esté conceu:
Vous auez pris de luy la preuoyance,
Le iugement le conseil la prudence,
Le meur aduis la sagesse & l'honneur,
Et qui plus est, la trace & le bon-heur:
Ayant de luy la matiere assez ample
Pour vous former au paternel exemple,
Patron nayf, qui de luy-mesme fait
Pour ses enfans vn exemple parfait.

    Ainsi Chiron nourrit le ieune Achille,
Nourrit Iason: l'vn renuersa la ville
Du vieil Priam, l'autre coupa les flots
Pour gaigner l'or qu'eut le Belier au dos:
L'vn grand guerrier autheur de la Galée,
De grands cueillers frappa l'onde salée,
Faisant fremir les Nymphes de la mer
De voir ainsi des soliueaux ramer
Desur leurs eaux aux hommes incognuës,
Et de tourner tant d'escumes chenuës,

Comme ſes deux bion-apris & bien nez
Vn rang d'honneur pres du Roy vous tenez
Grand gouuerneur de ſa ville peuplée
Qui ſous vos loix eſt conduite & reglée.
  Ceſt toy Paris admirable cité,
Grand ornement de ce mond' habité,
De tes voiſins la crainte & la merueille.
A qui le Ciel n'a donné de pareille,
Mere d'vn peuple abondant & puiſſant,
Heureux en biens, én lettres floriſſant.
  Dedans le Ciel tu mets ta teſte fiere,
Tu as le dos fendu d'vne riuiere
Au large cours aux grands ports fructueux:
Tu as le front ſuperbe & ſomptueux,
Qui des voyans eſtonne les courages:
Ton ventre eſt plein d'artizans & d'ouurages
Où Palas tient ſes deux meſtiers ouuers,
Seconde Athene, honneur de l'vniuers,
Ie te ſaluë & celuy qui te guide,
Laſchant, ſerrant, comme il te faut la bride.
  Quand vn maçon, vn peintre, vn charpentier,
Vn menuiſier, vn orfeure, vn potier
Font vne erreur, pource la Republique
Ne ſe perd pas ny l'Eſtat politique;
Si vne veine ou vn muſcle ne fait
Office au corps, le corps n'eſt pas desfait.
Mais quand le chef ou la raiſon repoſe,
Sans y penſer faut en la moindre choſe,
Le peché marche, & la faute deſcend
Sur tout le corps qui tout ſoudain ſe ſent
Morne ou perclus ou tombe en lethargie,
Et tout d'vn coup perd la force & la vie.

Car par le chef le corps vit seulement,
Et du cerueau le corps a mouuement.

Ie m'esbahis des paroles subtiles
Du grand Platon, qui veut regir les villes
Par vn papier & non par action:
C'est vne belle & docte inuention,
Qui toutesfois ne sçauroit satisfaire:
Elle est oisiue il faut venir au faire:

Ainsi que vous qui sçauez contenter
Par l'action, & non par l'inuenter,
Tenant Paris dessous vos loix prudentes,
Pleine d'humeurs & d'ames differentes,
D'hommes diuers: l'vn est fier l'autre est doux,
L'vn est benin l'autre plein de courroux,
L'vn qui veut tout l'autre rien ne demande,
Et si à tous la seule loy commande.

Comme vn Pilote à son tillac assis
Craignant l'escueil d'vn sens froid & rassis
Guide sa nef parmi les vagues perses,
Bien qu'elle soit de cent pieces diuerses,
De voiles masts de cordages diuers.
L'vn va tout droit l'autre va de trauers,
Et toutesfois l'aduis d'vn homme sage
Tout seul par art conduit tout ce mesnage.

Tant par-sur tous on doit l'homme estimer
Qui est prudent en terre & sur la mer,
Dont le souci bien moderé tempere
Sous luy le peuple à la guise d'vn pere,
Non d'vn tyran de fureur allumé,
Craint de chacun & de personne aimé:
Car en tous lieux la douce courtoisie
Du peuple accort gaigne la fantasie,

L'ame le cœur le courage & la main.

La cruauté engendre le desdain,

Et le desdain la haine qui boüillonne

D'vne fureur fantastique & felonne.

Pource vn Tyran ne vit iamais bien seur:

» Le vray bouclier d'vn Prince est la douceur.

A MONSIEVR DE FOIX.

On bon conseil ta prudence & ta vie

Seront chatex du docte Outhennouie

A qui la Muse a mis dedans la main

L'outil pour faire vn vers Grec &

Romain,

Il est bien vray que seul tu deurois dire

Ta vertu propre, & toy-mesme t'escrire.

Car la Nature excellente t'a fait

En ce mestier artizan tres-parfait:

Mais le labeur de ta charge publique

Où ton esprit soigneusement s'applique,

Ne peut souffrir que tu penses à toy,

Du tout pensif aux honneurs de ton Roy.

Puis que ta peine autre soucy demande,

En lieu de toy mon deuoir me commande

De te loüer & d'vn mal-plaisant son

Chanter ta gloire en si basse chanson,

Hà que les Glix sont heureux qui sommeillent

Six mois en l'an & point ne se resueillent!

Helas, de Foix, ie voudrois volontiers
Auoir dormi trois bons ans tous entiers:
Ie n'euſſe veu, ô Megere enragée!
Par ſes enfans la France ſaccagée:
Ie n'euſſe veu le tort bien debatu
Se deſguiſer du maſque de vertu:
Ie n'euſſe veu violer l'innocence,
Et toute choſe aller par impudence:
Ie n'euſſe veu les hommes tranſportez
De paſſions faillir des deux coſtez,
Sans plus auoir la raiſon pour leur guide,
Comme vn cheual qui gallope ſans bride.

  Ie n'euſſe veu nos peuples eſtonnez
De cœur de ſens d'eſprit abandonnez,
Tous eſperdus comme attaints de l'orage,
Trembler de peur ſans force ny courage.
Ie n'euſſe veu les Miniſtres ſoufflez
D'vn nouueau vent, & faire tous enflez
De l'Euangile vne chiquanerie,
Pouſſant le peuple en ardante furie,
Plus mitoüins auiourd'huy que ne ſont
Nos Mendians feneſtrez par le front.

  Ie n'euſſe veu nos terres deſolées
De laboureurs ny nos citez volées,
Nos bourgs deſerts, las! & ſi n'euſſe veu
Ny rauager ny flamboyer le feu
Sur le ſommet des maiſons embraſées,
Ny nos autels profanez de riſées,
Où nos ayeux en la bonne ſaiſon
Souloient à Dieu faire leur oraiſon.

  Mais ſommeillant ſous la terre poudreuſe
I'euſſe dormy d'vne pouſade heureuſe,

Et en ma part ie n'eusse point senti
Le mal venu d'vn siecle peruerti.

Hà, quantes fois ay-ie desiré d'estre
Dedans vn bois vn gros chesne champestre,
Ou vn rocher pendu desur la mer,
Pour n'ouyr point ce vieil siecle nommer,
Siecle de fer qui la vertu consomme:
Le hayssant il me faschoit d'estre homme,
Et maudissoy ma raison qui faisoit
Que le malheur si vif me desplaisoit.

Or le malheur d'vn si fascheux esclandre
S'est en tous lieux si loin laissé respandre,
Que toy qui fus en Ambassade absent,
As enduré autant comme present,
Ayant souffert dedans ceste Isle Angloise
Beaucoup de mal pour la guerre Françoise,
Rigueurs prisons : aussi-est ce, de Foix,
Bien la raison qu'vn parent de nos Rois
Comme tu es, coure mesme fortune,
Et qu'à la leur la sienne soit commune:
,, Le plus souuent par vn mesme mechef
,, Les membres ont la peine qu'a le chef.

Ie suis marri qu'vn si cruel naufrage
Vienne s'espandre au milieu de nostre âge,
Lors qu'on voyoit de maint homme sçauant
Et le labeur & le nom en auant,
Et la ieunesse assez dextement née
Estre du tout aux lettres addonnée:
Bien que tousiours les Monarques sceptrez
Soyent soupçonneux des peuples trop lettrez.

On dit bien vray que lors qu'vn populaire
Est trop sçauant, que promp il delibere

Vn fait

Vn fait hautain pour du col secoüer
Le ioug seruil qui trop le vient noüer,
Et pour le rompre il se bande & inuente
Mille moiens d'acheuer son attente.

Ce sont ceux-là qu'il faut craindre, & non ceux
Qui ont l'esprit grossier & paresseux,
Masse de plomb au Ciel non esleuée,
Et vrais chartiers à porter la couruée,
Toy bien ruzé aux affaires sçais bien
Lisant ses vers si ie di mal ou bien.

Or il est temps que ce propos ie change
Pour re-viser au blanc de ta loüange,
Donc ie m'estois en tirant separé,
Plein de courroux qui m'auoit egaré.

Toy le premier yssu de haute race,
Abandonnant du vulgaire la trace,
As embrassé rempli d'authorité,
La Loy qui rend à chacun equité,
Fait Senateur de ceste Cour supréme,
Qui en sçauoir n'a pareil qu'elle mesme,
Où tu luisois en vertu tout ainsi
Qu'vn beau Soleil de rayons esclarci,
Quand balaçant d'vne main equitable
Le droit douteux, iuge non corrompable,
Faisois iustice & sans esgard d'aucun
Rendois la loy rothriere à chacun.

Puis te haussant par merites honnestes,
De Conseiller fus Maistre des Requestes,
Puis enuoyé en Ambassade, à fin
Que ton esprit prompt & gaillard & fin
Ne se roüillast sans manier affaires
Qui sont aux peuples & aux Rois necessaires.

L'esprit oisif se roüille tout ainsi
Que fait le corps qui n'a point de souci.

    Quand vne terre est de nature bonne
Elle produit le froment qu'on luy donne
Pleine d'vsure: aussi tu as produit
A double grain fertilemẽt le fruit,
Dont tu auois ensementé ton âge,
Par les leçons d'Aristote le sage,
Et de Platon qui te seruent de fort
Contre le heurt du Destin & du Sort.

    Car en puissant de leur claire fontaine
Tant de sçauoir tu en as l'ame pleine,
Qui se desborde, & monstre par effect
Que le sçauoir rend vn homme parfait
,, Conioinct au bien. Toute vertu commune
,, N'est rien que vent sous la bonne Fortune;
,, Et la Fortune heureuse ne peut rien
,, Si la vertu ne luy sert de soustien:
Biens que le Ciel en peu d'hommes assemble,
Et que tout seul tu possedes ensemble.

Fin du premier Bocage Royal.

SECONDE PARTIE
DV BOCAGE ROYAL

A TRES-ILLVSTRE ET
TRES-VERTVEVSE PRIN-
cesse, la Royne Catherine de
Medicis, mere de
trois Rois.

R OYNE, qui de vertus passes Ar-
témisie,
Et Porcie & Lucrece, à qui la Poësie
Et l'outil immortel des bons Historiens
On fait rauir l'honneur des siecles anciens,
Et femme surpasser les hommes de leur âge
En puissance, en conseil, en prudence, en courage,
Monstrant à leurs suiets de parole & de fait
La vertu de leur sexe inuincible & parfait.

Si à plus haut discours ton esprit ne s'en-vole,
Preste moy ton oreille & entends ma parole,
Pour me plaindre de toy & du bien mal donné,
Que fut au temps passé dés peres ordonné
Non pour recompenser les enfans ny les femmes,
Mais les hommes sçauans ministres de nos ames.

L'autre iour que i'estois (comme tousiours ie suis)
solitaire & pensif (car forcer ie ne puis

E ij

Mon Saturne ennemy) si loin ie me promeine
Que seul ie m'esgaray desur les bords de Seine,
Vn peu dessous le Louure où les Bons-hommes sont
Enclos etroitement de la riue & du mont)
     Là comme hors de moy i'accusois la fortune
La mere des flateurs la marastre importune
Des hommes vertueux, en viuant condamnez
A souffrir le malheur des Astres mal-tournez,
Ie blasmois Apollon, les Graces, & la Muse,
Et le sage mestier qui ma folie amuse:
Puis pensant d'vne part combien i'ay fait d'escris,
Et voyant d'autre part vieillir mes cheueux gris
Apres trente & sept ans, sans que la destinée
Se soit en ma faueur d'vn seul poinct enclinée
Ie hayssois ma vie, & confessois aussi
Que l'antique vertu n'habitoit plus ici,
     Ie pleurois du Bellay qui estoit de mon âge,
De mon art de mes mœurs, & de mon parentage,
Lequel apres auoir d'vne si docte vois
Tant de fois rechanté les Princes & les Rois,
Estmoit pauure chetif, sans nulle recompense
Si non du fameux bruit que luy garde la France.
     Et lors tout desdaigneux & tout rempli d'esmoy,
Regardant vers le Ciel, ie disois à par-moy:
Quand nous aurions serui quelque Roy de Scythie,
Vn Roy Got où Gelon, en la froide partie
Où le large Danube est le plus englacé,
Nostre gentil labeur seroit recompensé,
     Ainsi versant de l'œil des fontaines ameres,
Dedans mon cerueau creux ie peignois des Chimeres,
Quand ie vi arriuer vn Deuin qui auoit
La face de Rembure à l'heure qu'il viuoit:

Son front estoit ridé, sa barbe mal rongnée,
Sa perruque à gros poil ny courte ny peignée,
Ses ongles tous crasseux, lequel me regarda
Des pieds iusqu'à la teste, & puis me demanda:
D'où es-tu? où vas-tu? d'où viens-tu à ceste heure?
De quels parens es-tu? & où est ta demeure?

Ie luy respons ainsi: Ie suis de Vandomois,
Ie n'ay iamais serui autre maistre que Rois,
I'ay long temps voyagé en ma tendre ieunesse,
Desireux de louange ennemi de paresse.

A la fin Apollon & ses Sœurs volontiers
En l'Antre Thespian m'apprindrent leurs metiers,
A bien faire des vers, à bien pousser la lyre,
A sçauoir fredonner, à sçauoir dessus dire
Les louanges des Rois, & en mille façons
A sçauoir marier les cordes aux chansons:
Ils me firent dormir en leur grotte secrete,
Me lauerent trois fois & me firent Poëte:
M'enflamerent l'esprit de furieuse ardeur,
Et m'emplirent le cœur d'audace & de grandeur.

Lors ie n'eu pour suiet les vulgaires personnes,
Mais hardy ie me pris aux Rois porte-couronnes
(O docte Roy François si tu eusses vestu,
I'eusse par ta faueur mon roh destin veincu)
Ie celebray Henry & ses œuures guerrieres,
Voire en tant de façons & en tant de manieres,
Que les plus nobles Preux qui viuent auiourd'huy
Par l'encre ne sont pas tant celebrez que luy:
Que me vaudroit ici ses louanges redire,
Puis qu'en mille papiers vn chacun se peut lire?

Aprés ie celebray en mille chants diuers
Rome son espouse, honneur de l'vniuers,

E iiij

Et fils de tous costez aux nations estranges
Par le vol de ma plume espandre ses loüanges,
Ie chantay la grandeur de ses nobles ayeux,
Et de terre elevez ie les mis dans les cieux;
Ie chantay les eaux d'Arne, & Florence sa fille,
Comme le beau Phebus nomma la Tusque ville
Du nom de la pucelle, apres avoir esté
Ardentement ravi des rais de sa beauté,
Et comme Arne predit du milieu de son onde
Que Royne elle seroit la plus grande du monde :
Et que le nom de femme autrefois à mespris,
Par elle emporteroit sur les hommes le pris.
   Mais ainsi que Vesper la Cyprienne estoile
De plus larges esclairs illumine le voile
De la nuit tenebreuse, & sur tous les flambeaux
Dont le Ciel est ardant, les siens sont les plus beaux:
Ainsin & la vertu, la grace & le merite
De la sainte & divine & chaste Marguerite,
Fille du Roy François & la sœur de Henry,
Et du Duc d'Orleans que ieune m'a nourri,
Me semblerent aux yeux sur les autres reluire,
   Pource ie la choisi le suiet de ma Lyre,
Laquelle ayant l'esprit de son pere, eut à gré
Le labeur que i'avois à ses pieds consacré,
Et comme vertueuse & d'honneur toute pleine,
S'opposant à mon mal, charitable mist peine
D'avancer ma fortune, & fille & sœur d'vn Roy
Daigna bien, ô bonté! se souvenir de moy :
Mais en perdant, helas! sa clairté coustumiere,
Comme aveugle ie suis demeur é sans lumiere,
   Tousiours en sa faveur, soit Hyver soit au temps
De la chaude moisson, puisse naistre vn Printemps

Sur les monts de Sauoye, & quelque part qu'elle aille,
Tousiours dessous ses pieds vn pré de fleurs s'esmaille .
Dedans sa bouche naisse vne manne de miel,
Et luy soit pour iamais fauorable le Ciel.

Fleur & perle de prix Marguerite parfaite,
Apres que la bonté de nature t'eut faite,
Assemblant pour t'orner vne confection
De ce qui est plus rare en la perfection,
Elle en rompit le moule, à fin que sans pareille
Tu fusses icy bas du monde la merueille.

Que te diray-ie plus? apres auoir vsé
Cordes & luth & fust, ie ne suis abusé
A chanter les Seigneurs: aussi ie n'en rapporte
En lieu de son loyer qu'vne esperançe morte.
,, Si est-ce que les vers ont aux hommes mortels
,, Iadis fait eriger & temples & autels.
Cerés n'a pas esté Déesse renommiée
Pour auoir de son bled nostre terre semée,
Ny Pallas pour auoir remonsté l'art de filer,
Escarder les toisons, ou l'huile distiler:
Les liures seulement de mortelles Princesses
(Et non pas leurs mestiers) les ont faites Déesses.

Les liures ont à Mars les armes fait porter,
Le trident à Neptun, la foudre à Iupiter,
Les ailes à Mercure & leur belle memoire
Sans les vers periroit au fond de l'onde noire.

L'autre iour que i'estois au temple à sainct Denis
Regardant tant de Rois en leur cachottes mis,
Qui n'agueres faisoient trembler toute la France,
Qui tous enflez d'orgueil, de pompe & d'esperance,
Menoient vn camp armé, tuoient & commandoient,
Et de leur peuple auoient les biens qu'ils demandoient,

Et les voyant couchez, n'ayans plus que l'escorce,
Comme buches de bois sans puissance ny force,
„ Ie disois à par-moy: Ce n'est rien que des Rois.
D'vn nombre que voicy, à peine ou deux ou trois
Viuent apres leur mort, pour n'auoir esté chiches
Vers les bons escriuans & les auoir fait riches.

    Puis me tournant, helas! vers le corps de Henry,
Ie disois, O mon Roy, qui viuant as chery
Les Muses, qui sont sœurs des armes valeureuses,
Ton ame puisse viure entre les bien-heureuses:
Au haut de ton cercueil soient toustours fleurissans
Les beaux œillets pourprez & les liz blanchissans,
Et leur souaue odeur iusqu'au ciel à toy monte,
Puis que de ton Ronsard tu as fait tant de conte!

    Ie porterois mon mal beaucoup plus aisément,
Si en fraudant les bons, le sort incessamment
N'auançoit les meschans: mais quand en mon courage
Ie voy tout aller mal, de dueil presque i'enrage.

    Ie me fasche de voir les hommes estrangers,
Changeurs, postes, plaisans, vsuriers, mensongers,
Qui n'ont ny la vertu ny la science apprise,
Posseder auiourd'huy tous les biens de l'Eglise:
De là sont procedez tant d'abus infinis,
Et tu les vois, ô Dieu, & tu ne les punis!

    Et nous sacré troupeau des Muses qui ne sommes
Vsuriers, ny trompeurs, ny assassineurs d'hommes,
Qui portons Iesus Christ dans le cœur arresté,
Ne sommes auancez sinon de pauureté:
Lambin, Daurat, Turneb, lumieres de nostre âge,
Doctes & bien-viuans en donnent tesmoignage.

    Que vous estes trompez de vos intentions
O pauures trespassez! qui par deuotions

En fraudant vos parens fondaſtes de vos rentes
A nos riches Prelats les mitres opulentes:
Mieux euſt vallu ietter voſtre argent en la mer,
Que pour telle deſpenſe en vain le conſumer!

Tels biens ne ſont fondez pour eſtre recompenſe
De ceux qui en la guerre ont fait trop de deſpenſe,
Pour en pouruoir leurs fils: ou les donner à ceux
Qui ſont aux Cours des Rois des pilliers pareſſeux.
Tels biens ne faut donner par faueur ny priere,
Ny à ceux qui pluſtoſt font voler la poußiere
Sous les cheuaux de poſte, & haletant bien-fort
Apportent les premiers nouuelles de la mort:

Mais à ceux que l'on iuge eſtre de bonne vie,
A ceux qui dés enfance ont la vertu ſuiuie,
Et à ceux qui pourront viuement empeſcher
De ramper l'hereſie à force de preſcher,
Vn nombre bien petit, eſloigné d'auarice
Accompliſt auiourd'huy ſainement ſon office,
Preſche, prie, admonneſte, & prompt à ſon deuoir
Auec la bonne vie à conioint le ſçauoir.

Ie me deuls quand ie voy ces ignorantes beſtes
Porter comme guenons les mitres ſur leurs teſtes,
Qui par faueur ou race ou importunité
Sont montez; ô vergongne! en telle dignité.

Bien que de Mahomet la loy ſoit vicieuſe,
Si eſt-ce que du Turc la prudence ſoigneuſe
Choiſit entre les ſiens les plus gentils eſpris,
Et ceux qui ont ſa loy plus deſtrement appris,
Et ſage les commet comme graues Prophetes
Pour contenir ſon peuple, & garder ſes Muſquetes.
Las! les Princes d'Europe au contraire de luy
Des Paſteurs ignorans commettent auiourd'huy,

Sur le sacré troupeau de l'Eglise Chrestienne
Que Iesus par son sang a laué toute sienne.
De là Dieu se courrouce, & de là sont issus
Tant d'erreurs que l'abus a faussement conceus,
Enfantez par enfans qui sans mœurs ny science
Sont gardes de l'Eglise & de nos consciences.
Il faudroit les oster, & pour l'honneur de Dieu
En mettre de meilleurs sans faueur en leur lieu:
Car le bien de Iesus n'est pas vn heritage
Qui vient de pere en fils & retourne en partage:
Il est commun à tous, lequel on peut oster,
Tantost diminuër & tantost adiouster
Selon que le ministre en est digne & capable,
De mœurs non corrompu, de vices non coulpable.

　　Toy qui viens apres moy, qui voirras en meints
　　　　lieux
De mes escrits espars le titre ambitieux
De François, Francion, & de la Franciade,
Qu'égaler ie deuois à la Grecque Iliade:
Ne m'appelle menteur, paresseux ny peureux,
I'auois l'esprit gaillard & le cœur genereux
Pour faire vn si grand œuure en toute hardisse,
Mais au besoin les Rois m'ont failly de promesse:
Ils ont tranché mon cours au milieu de mes vers
Au milieu des rochers, des forests, des deserts,
Ils ont fait arrester par faute d'equipage
Francus qui leur donnoit Ilion en partage.

　　Pource i'ay resolu de m'en-aller d'icy
Pour trainer autrepart ma plume & mon soucy
En estrange pays, seruant vn autre Prince:
》 Souuent le malheur change en changeant de pro-
　　uince,

Car que feray-ie icy sans aide & sans support?
L'espoir qui me tenoit, se perdit par la mort
Du bon Prince Henry lequel fut l'esperance
De mes vers, & de moy, & de toute la France,

Alors le bon vieillard qui m'arresta le pas,
Me mesura le front auecques vn compas,
Me contempla des mains les lignes qui sont droites,
Celles qui sont en croix, celles qui sont estroites,
Celles d'autour le poulce, & celles des cinq mons,
Les angles malheureux, les angles qui sont bons:
Trois fois me fist cracher sur la seiche poußiere,
Trois fois esternuer, & trois fois en arriere
Me retourna les bras, trois fois les ramena,
Et trois fois tout autour d'vn rond me promena:
Fist des poincts contre-terre, apres il les assemble
En meres tout d'vn rang & en filles ensemble:
Il en fist vn sommaire, & en roüant les yeux
Trois fois deuers la terre & trois fois vers les cieux,
Me dit à basse voix : Mon fils, la Poësie
Est vn mal de cerueau qu'on nomme Frenesie,
Ta teste en est malade, il te la faut guarir.
Autrement tu serois en danger de mourir.

Tu ressembles aux chiens qui mordent en la ruë
La pierre qu'vn passant pour les frapper leur ruë:
Ainsi tu mords autruy comme fol insensé,
Et non toy pauure sot qui t'es seul offensé.

En quel âge ô bons Dieux! ores penses-tu estre?
Penses-tu que le ciel pour toy face renaistre
Encor le siecle d'or, où l'innocence estoit
Sur le haut de la faulx que Saturne portoit?
Ce beau siecle est perdu, & nostre âge enroüillée
(Qui des pauures humains la poitrine a soüillée

E vj

D'auarice & d'errer) ne permet que le bien
Aux hommes d'auiourd'huy vienne sans faire rien.
  Pource auecques trauail il faut que tu l'acquieres
Non en faisant des vers qui ne seruent de guieres
Non à prier Phœbus qui est deuenu sourd:
Mais il te faut prier les grands Dieux de la Court,
Les suiure, les seruir, se trouuer à leur table,
Discourir d'auant eux vn conte delectable,
Les courtizer, les voir, & les presser souuent:
Autrement ton labeur ne seroit que du vent,
Autrement ta science & ta lyre estimee
(Pour n'vser d'vn tel art) s'en iroit en fumee.
  Le desastre malin qui tourmenté t'auoit,
Se tourner deuers toy plus doux ne se deuoit
Qu'auiourd'huy que la Royne auec sa prudence
Par naturelle amour gouuerne nostre France:
Ce qui est arriué pour faire reflorir
L'ancienne vertu qui s'en alloit perir,
Sans elle & sans sa race en oubly fust Athenes,
Et tant de noms fameux sacrez par tant de peines,
Platon, Socrate, Homere, eussent esté occis
D'vne eternelle mort sans ceux de Medicis.
  Ceste Royne d'honneur de telle race issuë
Ainçois que Calliope en son ventre a conceuë,
Pour ne degenerer de ses premiers ayeux,
Soigneuse a fait chercher les liures les plus vieux
Hebreux Grecs & Latins, traduits & à traduire:
Et par noble despense elle en a fait reluire
Son chasteau de sainct Maur, à fin que sans danger
Le François fust vaincueur du sçauoir estranger,
  Si sa bonté non feinte, au plus beau du ciel née
Ne change comme Royne en mieux ta destinée.

Laisse l'ingrate France, & va chercher ailleurs
(Si tu les peux trouuer) autres destins meilleurs.

A ELLE-MESME.

Omme vne belle & ieune fiancée,
De qui l'amour resueille la pensée,
Souspire en vain só amy nuict & iour,
Et triste attend l'heure de son retour,
Feignant toustours, tant son esprit chancelle,
De son retard quelque cause nouuelle:
De tel desir toute France qui pend
De vos vertus, vostre presence attend,
Et le retour de nos deux ieunes Princes,
Qui dessous vous cognoissent leurs Prouinces.
Mais quand on dit que Phebus aux grands yeux
Aura couru tous les signes des Cieux,
Et que la Lune à la coche attelée
De noirs cheuaux, sera renouuellée
Par douze fois sans retourner icy,
Paris lamente & languit en soucy,
Et ne sçauroit, quoy qu'il pense ou regarde,
Songer le poinct qui si loin vous retarde.
Seroit-ce point le Rhosne impetueux?
Le cours de Seine aux grands ports fructueux
Est plus plaisant. Seroit-ce point Marseille?
Non, car Paris est ville sans pareille
Bien que Marseille en ses tiltres plus vieux
Vante bien-haut ses Phocenses ayeux.

E vij

Qui d'Apollon fuyans l'oracle & l'ire,
A son riuage ancrerent leur nauire.
  L'air plus serein des peuples estrangers
Et le doux vent parfumé d'Orangers
De leur douceur vous ont-ils point rauie?
La peste helas! vous a tousiours suiuie,
  De Languedoc les palles Oliuiers
Sont-ils plus beaux que les arbres fruitiers
De vostre Aniou? ou les fruits que Touréine
Plantez de rang en ses iardins ameine?
Ie croy que non. Y vit-on mieux d'accord?
Mars en tous lieux de vostre grace est mort.
  Qui vous tient donq' si loin de nous Madame?
C'est le desir de consumer la flame,
Qui peut rester des ciuiles fureurs,
Et nettoyer vos Prouinces d'erreurs.
  Vostre vouloir soit fait à la bonne heure:
Mais retournez en la saison meilleure,
Et faites voir au retour du Printemps
De vostre front tous vos peuples contents.
  Vostre Monceaux tout gaillard vous appelle,
Sainct-Maur pour vous fait sa riue plus belle,
Et Chenonceau rend pour vous diaprez
De mille fleurs son riuage & ses prez:
La Tuillerie au bastiment superbe
Pour vous fait croistre & son bois & son herbe,
Et desormais ne desire sinon
Que d'enrichir son front de vostre nom:
Et toutesfois par promesse asseurée
Ils ont ensemble alliance iurée
De leur vestir de noir habit de dueil
Iusques au iour que les raiz de vostre œil

Leur donneront vne couleur plus neuue,
Changeant en verd leur vieille robbe reuue,
Et que iamais ils ne seront ioyeux,
Beaux ny gaillards qu'au retour de vos yeux.

Si vous venez, vous verrez vos allées
Dessous vos pas d'herbes renouuellées,
Et vos iardins plus verds & plus plaisans
Se raieunir en la fleur de leurs ans.

Ou bien Madame, ils deuiendront steriles,
Sans fleurs sans fruit, mal-plaisans inutiles,
Et peu vaudra de les-bien disposer,
Les bien planter, & bien les arrofer:
Le iardinier ne pourra faire croistre
Herbe ne fleur sans voir l'œil de leur maistre.

Desia le temps & la froide saison
Qui vostre chef a fait demy-grison,
Loin du trauail vous commandent de faire
Honneste chere, & doucement vous plaire.

Assez & trop ce Royaume puissant
A veu son Sceptre en son sang rougissant:
A veu la mort de trois Rois en peu d'heure,
Et d'vn grand Duc que toute Europe pleure:
Assez a veu l'audace du harnois
Vous resister, & corrompre vos lois,
Et vos citez l'vne à l'autre combatre.

Or maintenant il est temps de s'esbatre,
Et de ietter dedans l'air bien-auant
Tous vos ennuis sur les ailes du vent.

Qui desormais vous ayant pour maistresse,
Craindra du Rhin l'effroyable ieunesse,
Les Espagnols aux guerres animez,
Ou les Anglois hors du monde enfermez?

Vostre grand nom que la grand'Renommée
Seme par tout, est plus fort qu'vne armée:
Car sans combatre, auecque la vertu
Vous auez tout doucement combatu.

Si m'en croyez, vous passerez le reste
De vos longs iours sans que rien vous moleste.
Il est bien vray que president au lieu
Que vous tenez dessous la main de Dieu,
Ne sçauriez estre vn quart d'heure sans peine:
Mais de plaisir il faut qu'elle soit pleine,
Entre-meslant le doux auec l'amer,
Et ne laisser vostre esprit consumer
Sous telle charge aucunement amere,
Si le plaisir le soucy ne tempere.

Quand voirrons nous quelque tournoy nouueau?
Quand voirrons nous par tout Fontaine-bleau
De chambre en chambre aller les mascarades?
Quand oirrons nous au matin les aubades
De divers luths mariez à la vois?
Et les cornets, les fifres, les hauhois,
Les tabourins, violons, espinettes
Sonner ensemble auecque les trompettes?
Quand voirrons nous comme balles voler
Par artifice vn grand feu dedans l'air?

Quand voirrons nous sur le haut d'vne scene
Quelque Ianin ayant la ioue pleine
Ou de farine ou d'ancre, qui dira
Quelque bon mot qui nous resiouyra?

Quand voirrons nous vne autre Polynesse
Tromper Dalinde, & vne ieune presse
De tout costez sur les tapis tendus
Honnestemēt aux girons espandus

De leur Maistresse, & de douces paroles
Flechir leurs cœurs & les rendre plus molles,
Pour sainctement vn iour les espouser,
Et chastement pres d'elles reposer.

C'est en ce poinct Madame, qu'il faut viure,
Laissant l'ehuy à qui le voudra suiure.

De vostre grace vn chacun vit en paix:
Pour le Laurier l'Oliuier est espais
Par toute France, & d'vne estroite corde
Auez serré les mains de la Discorde.

Mors sont ces mots Papaux & Huguenots,
Le Prestre vit en tranquille repos,
Le vieil soldat se tient à son mesnage,
L'artisan chante en faisant son ouurage,
Les marchez sont frequentez des marchans,
Les laboureurs sans peur sement les champs,
Le pasteur saute aupres d'vne fontaine,
Le marinier par la mer se promeine
Sans craindre rien: car par terre & par mer
Vous auez peu toute chose calmer.

En trauaillant chacun fait sa iournée:
Puis quand au Ciel la Lune est retournée,
Le laboureur deliuré de tout soing
Se sied à table, & prend la tasse du poing,
Il vous inuoque, & remply d'alegresse
Vous sacrifie ainsi qu'à sa Déesse,
Verse du vin sur la place: & aux cieux
Dressant les mains & souleuant les yeux,
Supplie à Dieu qu'en santé tres-parfaite
Viuiez cent ans en la paix qu'auez faite.

L'AMOVR AMOVREVX:
A LA ROYNE DE NAVARRE
Marguerite de France.

E Dieu qui se repaist de nostre sang hu-
    main,
Ayant au dos la trousse & l'arc dedans
    la main,
Voulut depuis deux iours enuironner la terre,
Et voir combiē ses traicts aux hommes font de guerre,
    Comme il alloit le Ciel & la Mer recherchant,
Il vit dés l'Orient iusqu'au Soleil couchant,
Dés l'Afrique bruslée au montaignes Riphées,
Que tout le monde entier n'estoit que ses trophées,
Et qu'il n'y auoit Prince, Empire, ny cité,
Qui ne tremblast au nom de sa diuinité.
    Il vit Iupiter pris de nos mortelles femmes,
Neptune sous la mer n'esteindre point ses flames,
Et Pluton aux Enfers sentir la cruanté
Qu'apporte dans les cœurs vne douce beauté.
    A la fin tout lassé de voler par le monde,
A l'heure que Phebüs se cache dessous l'onde,
Quand nous voyons le iour en la nuict se changer,
Amour chercha par tout vn giste à se loger.
    Ramassant du long vol son aile recueillie,
Tantost tournoit les yeux sur la belle Italie,
Tantost desur l'Espagne, & tantost d'autre part
Sur l'Isle d'Angleterre abaissoit son regard.

Preffé de fe loger par la nuict qui commence,
Abaiffa fes beaux yeux fur le peuple de France.
Il aduifa Paris, & vint au point du foir,
Comme vn oifeau leger fur le Louure s'affoir.

De fortune la belle & chafte Marguerite,
Perle & fleur des François, immortelle Charite,
Des diuines beautez le patron eternel,
Reuenoit des iardins du Palais maternel.

L'Honneur & la vertu fuiuoient cefte Princeffe,
Ainçois ce beau Soleil qui tiroit vne preffe
De Dames & d'Amours autour de fon cofté.

Elle race des Rois marchoit en grauité
Au millieu de fa troupe, & paffoit les plus belles,
Comme l'Aube la nuict de fes flames nouuelles.

Si toft qu'Amour la vit, il en fut enuieux,
Auffi prompt qu'vn efclair fe ietta dans fes yeux:
Il fe fift inuifible, à fin que fa venuë
Ne fuft que d'elle feule & non d'autre cognuë.

L'homme qui eft mortel n'eft pas digne de voir
Les Dieux en leur effence, & moins les receuoir:
C'eft vn vaiffeau de terre entourné de foibleffe,
L'humain cherche l'humain, & le Dieu la Deeffe.

Incontinent qu'Amour fe fut logé dedans
Ces yeux fi penetrans fi beaux & fi ardans,
Armez d'vne vertu fi diuine & fi claire,
Ie me trompe dit-il, ie croy que c'eft ma mere
Qui auoit emprunté les membres d'vn mortel:
Vn œil, s'il n'eft diuin, ne fçauroit eftre tel.

Eft-ce point Pafithée? ou quelqu'vnes des Graces?
Oeil, quiconque fois-tu, de fplendeur tu furpaffes
Venus & Pafithée: & par tout ie ne voy
Rien qui puiffe egaler ta beauté finon toy.

Mais si tost qu'elle fut en sa chambre arriuée,
Qu'à l'entour de son corps sa robbe fut leuée,
Que toute ses beautez se monstrerent à niu,
Amour est tout soudain amoureux deuenu
Il souspire il languist en vne peine extrême,
Et sent au cœur les maux qui viennent de luy-mesme.

Regardant son beau front d'iuoire blanchissant,
Et ses soucis tournez en forme d'vn Croissant,
Où il prit de son arc la voûture premiere:
Puis sentant de ses yeux la celeste lumiere,
Le vray logis d'honneur, lumiere qui pourroit
R'animer d'vne œillade vn homme qui mourroit,
Esbranler les rochers, appaiser la marine,
Et tirer d'vn regard le cœur de la poitrine:
Lumiere saincte douce angelique, qui fais
Et couler & sentir iusqu'en l'ame tes rais:
Il deuint esperdu d'esprit & de memoire.
Veincu sans resistance il quita la victoire,
Et ne fist que penser le moyen de pouuoir
Viure tousiours en elle, & pour Dame l'auoir.

Or maintenant ce Dieu sous les flames iumelles
Des yeux de son hostesse estendoit ses deux ailes,
Et seichoit son pennage à leur belle clairté:
Maintenant aiguisoit ses rais sur leur beauté:
Maintenant il prenoit des cheueux de la belle
Pour refaire à son arc vne corde nouuelle:
Maintenant tout son arc racoustroit de nouueau,
Se refondoit soy-mesme & se faisoit plus beau.
Il oublia le Ciel sa celeste origine,
Et pensoit que le Ciel d'elle n'estoit pas digne:
Et tellement Amour de son feu s'embrasa:
Que mille & mille fois ses yeux il rebaisa:

Le prioit, adoroit, & veincu de martyre
Fut contraint à la fin telle parole dire,
Souspirant aigrement tout triste & tout desfait
Par le coup que luy-mesme à soy-mesme auoit fait.
　　Or ie suis chastié des rigoureuses peines
Que ie soulois donner aux personnes humaines.
Les souspirs & les voix & les pleurs soucieux
De ceux que l'ay blessez sont venus iusqu'aux Cieux.
Nemesis m'a puny: c'est la loy de Nature,
Celuy qui fait du mal que du mal il endure.
Ie suis sans foy sans loy, vagabond & leger,
Menteur, flateur trompeur causeur & mensonger:
La mer conceut ma mere en sa vague profonde:
Ie suis vn Phaëthon qui bruste tout le monde:
Ie renuerse les loix & les villes à bas,
Et comme d'vn ioüet du monde ie m'esbas.
　　Maintenant de mes maux ie souffre penitance.
Ie me confesse à vous, au cœur i'ay repentance:
Ie demande pardon, & sçay que iustement
De mes pechez commis i'endure chastiment.
Ie sçay que peut l'ennuy, les soucis & les pleintes,
Les sanglots les souspirs & les larmes non feintes:
Le mal me touche au cœur, qui me fait langoureux,
Et pource desormais, ô paulures amoureux,
I'auray pitié du feu qui cause vostre perte,
Pleurant vostre douleur comme l'ayant soufferte.
　　Ainsi disoit Amour plaignant sa liberté:
Mais vous qui sçauez bien comme il est arresté
Prisonnier de vos yeux, deuenez glorieuse
D'estre d'vn si grand Dieu seule victorieuse,
Vous desrobez son arc ses flames & ses traits,
Et comme ardens esclairs vous les iettez espais,

sans faillir, droict aux cœurs de ceux qui vous re-
gardent,
Que corselets ferrez ny boucliers ne retardent,
Tant ils sont foudroyans, penetrans & pointus,
Acerez & forgez par les mesmes Vertus.

Doncques, Perle d'honneur que la beauté couronne,
Il ne faut desormais que la France s'estonne,
Si seule vous blessez les hommes & les Dieux,
Puis qu'Amour est vostre hoste, & demeure en vos
yeux.

LES BLASONS OV
ARMOIRIES.

V soit que les marests de l'Egypte fe-
conde
soient peres limonneux des hommes de
ce monde,
Soit qu'ils soient engendrez des vieux chesnes creuez,
Ou soit que des rochers ils naissent eleuez :
Si est-ce mon Sanzay, que sans faueur de race
Les hommes sont yssus d'vne pareille masse :
Ils eurent sang pareil, pareil entendement,
Et furent tous egaux dés le commencement,
Sans point se soucier d'honneur ny de noblesse,
Estoient sans nul mestier, sans art, & sans adresse,
Et viuoient par les bois comme peu courageux,
De glands tombez menu des chesnes ombrageux.
Si tost que les vertus les hommes esueillerent
Espoinçonnez d'honneur à l'enuy trauaillerent :
L'vn creusa les sapins, & se donnant au vent

Alla trop conuoitieux d'Occident au Leuant:
L'autre pour agrandir les bornes de sa terre,
Fist des picques de fresne, & courut à la guerre:
Ils bastirent citez, ils choisirent des Rois,
Ils dresserent des camps, & chargez de harnois,
Les armes en la main, au combat se pousserent,
Et les grandes Citez à terre renuerserent.

Lors l'honneur qui voloit dessus les camps armez,
Les rendoit viuement aux armes animez,
De sorte que chacun auoit plus grande enuie
De la mort, que sauuer honteusement sa vie:
Et plustost desiroit à la guerre mourir,
Que viure en sa maison sans loüange acquerir.
,, Nostre vie mondaine est caduque & mortelle,
,, Et la belle loüange est tousiours eternelle.

Celuy qui desiroit de monstrer sa vertu,
Portoit sur le harnois dont il estoit vestu,
Ou dessus son bouclier, vne recognoissance,
Afin que par la presse on cogneust sa vaillance.
L'vn auoit vn Serpent, l'autre auoit vn Lyon,
Vn Aigle, vn Leopard, ainsi vn million
Par les siecles passez d'Enseignes sont venuës,
Que les races depuis pour merque ont retenuës,
Escussons & Blasons de leurs premiers ayeux,
Que la guerre an-noblit par faits victorieux:
Aussi pour inciter leurs races à bien faire,
A pousser leur vertu outre le populaire,
Et à contregarder par noblesse de cœur
L'honneur que leurs parens ont acquis par labeur.
Mais tout ainsi qu'on voit la Fortune mondaine
Aller en decadence & n'estre point certaine:
Aussi ne voit-on pas en chacune saison

Tousiours en mesme estat vne mesme maison;
Ains souuent elle change & d'armes & de race:
,, Car toute chose humaine en ce bas monde passe.

La tienne, mon Sanzay, sans auoir rien mué,
A tousiours son honneur en mieux continué,
Comme le vif surgeon d'vne race eternelle
Qui sans l'aide d'autruy re-uit tousiours en elle,
Tige du noble sang des Comptes des Poitiers,
Dont tes Predecesseurs furent vrais heritiers:
Qui aux siecles passez en prenant alliance,
Es plus riches maisons du Royaume de France,
Ont iusques au iour d'huy auecq' authorité
Maintenu leur noblesse & leur antiquité.

Or toy qui les vertus de tes ayeux possedes
Et qui de droite ligne à leurs armes succedes,
Tu n'as voulu souffrir que leur nom en-nobly
De tant de beaux honneurs fust pressé de l'oubly:
Mais tirant du tombeau leurs armes & leur gloire
Tu as dedans vn liure escrit toute histoire,
Portrait leurs escussons & leurs blasons, afin
Que ta noble maison ne prenne iamais fin;
Et que maugré les ans ta ligne florissante,
Croisse de fils en fils à iamais renaissante.

Tousiours puisse ta race augmenter en honneur,
Et tousiours ta maison soit pleine de bon-heur,
Illustre de vertu, & tousiours puisse viure
La race des Sanzais escrite dans ton liure.

A V

AV SEIGNEVR CECILLE
Sicilien.

DOcTe Cecile, à qui la Picride
A fait goûster de l'onde Aganippide,
A descouvert les Antres Cirrheans,
A fait danser sur les bords Pimpleans,
A mené voir baigner en la fontaine
Sur Helicon, ceste belle Neufuaine
Que Iupiter en Memoire conceut,
Et pour sa race en son Ciel la receut:

Ie te confesse heureux en milles sortes
Non pour le nom si fameux que tu portes
Venant de l'Isle, où le Gean Typhé
Presque de souffre & de foudre estouffé
(Gean rebelle à souffrir indocile)
En se tournant esbranle la Sicile,
Estant lassé de porter d'vn costé
Le souspiral de Vulcan indonté:

Non pour autant que le grand fleuue Alphée,
Ayant d'amour la poitrine eschaufée,
Reuoit s'amie à cachettes, laissant
Son bord sacré d'Oliuiers pallissant,
Et sous la mer sans y mesler son onde
Coule leger d'vne voye profonde,
Ne se laissant à Neptune enfermer,
Afin que pur de vagues sur la mer
Vienne embrasser son Arethuse cheré,
Ses Oliuiers luy donnant pour douaire

Et son sablon des Athletes cognu,
Estant de fleuue vn Plongeon deuenu:
  Non pour-autant que la Muse Latine,
La Muse Grecque ont mis en ta poitrine
Ie ne sçay quoy de grand & de parfait,
Qui passe en France,& reuerer te fait
De ces esprits à qui rien ne peut plaire
S'il n'est du tout eslongné du vulgaire:
  Non pour-autant que courtois & humain
Aux estrangers tu ne caches ta main,
Mais doucement les traites & caresses,
Les bien-veignant d'honneurs & de richesses:
Mais pour autant que tu vois de plus pres
Que nous le port & les yeux & les traicts
De la splendeur de ton vince,P qui passe
L'Honneur d'honneur,& les Graces de grace.
  Cecille,on dit qu'apres que les Geans
Furent bruslez l'vn sur l'autre cheans
Aux champs de Phlegre,& que l'ardante foudre
Leur triple eschelle eut brisé comme poudre,
Foudre que l'Aigle en son bec apportoit:
Que Iupiter pompeusement estoit
Hautain d'auoir deschargé sa vengeance
Sur si meschante & malheureuse engeance.
  Et toutefois comme vn veinqueur douteux
Qu'il ne restast quelque racine d'eux,
Qui de nouueau troubleroit la victoire:
Pour effacer la race & la memoire
De telle gent,du haut Ciel deualla,
Et bras à bras nostre Terre accolla,
La remplissant de sa semence heureuse,
Semence forte,ardente,& vigoreuse.

Digne de luy, que la terre receut,
Dont tout soudain les Rois elle conceut,
Portraits sacrez de la haute Iustice,
Pour chastier les Geans & leur vice
S'il en restoit: puis ce Dieu desiroit
De se mirer aux enfans qu'il auroit,
Et par les Rois cognoistre sa puissance
» Car du grand D I E V les Rois sont la semblance.

  Quand la douleur d'enfanter la pressa,
A corps preignant estendre se laissa
Sous vn grand Palme ; & comme en sa gesine
Trois fois appelle à son secours Lucine,
Elle inuoqua Iupiter qui des Cieux
Iettoit sur elle & son cœur & ses yeux:
Puis au milieu d'vne longue tranchée,
En s'efforçant des Rois est accouchée.

  La Maiesté ses grandes mains auoit,
Sous les enfans la Fortune seruoit
De sage-femme, & la Vertu cheuue
Estoit du Ciel pour commere venuë
  Tous ces enfans ne se resembloient pas:
Les vns auoient petit corps, petit bras,
Petites mains: les autres au contraire
Auoient grands mains & grands bras pour deffaire
Sous eux le peuple, & sous eux faire armer
D'hommes la terre, & de vaisseaux la mer.

  L'vn en naissant estoit vieillard & sage,
L'autre n'auoit ny force ny courage,
Vn fai-neant & l'autre genereux
Estoit de gloire & d'honneur amoureux,
Et presque enfant ne pensoit qu'à la guerre
Et d'abaisser sous luy toute la terre,

Comme le noſtre à qui les Cieux amis
Ont de grands dons dés naiſſance promis
Pour ioindre vn iour par fidelle alliance
Voſtre Sicile auecques noſtre France.

   Incontinent que Iupiter les vit,
L'ardante amour ſon courage rauit,
Et boüillonnant en ſon cœur de grand'aiſe,
Impatient les acolle & les baiſe
L'vn apres l'autre,& d'eux pere commun
Bailla ſa foudre en preſens à chacun,
Diſant ainſi:Ma race,ie vous donne
(Outre l'honneur,le ſceptre & la Couronne
Que vous tiendreẓ deſſous mon bras puiſſant)
Comme à mes fils le foudre puniſſant:
Non pour bleſſer ou pour tuer la race
De l'innocente & ſimple populace,
Mais pour punir les Geans ſerpens-pieds,
Si par audace enſemble ralieẓ
Me guerroyent,ou ſi gros d'arrogance
Ils conſpiroient contre voſtre puiſſance:
L'ors n'eſpargneẓ la foudre & la rueẓ,
Et comme moy ſaccageẓ & tueẓ
D'vn feu ſouffré la race Titanine:
Renuerſeẓ moy Briare ſous Arine,
Et de rechef ſous Etne renfermeẓ
Typhé couuert de charbons allumeẓ,
Et rembarreẓ Porphire en Tenarie.

   Quand vous voirreẓ que leur ſotte furie
Sera dontée & ſerue deſſous vous,
A mon exemple arreſteẓ le courrous,
Et n'exerceẓ d'vne rigueur felonne
Toute vengeance ainſi qu'vne Lyonne,

Oü comme vn Tygre aux grands ongles tranchans,
Qui d'Hyrcanie erre parmy les champs:
Croyez enfans, que chose tant n'approche
De ma bonté, que de sauuer son proche,
Et pardonner a beaucoup qui auront
Sans y penser trop haut dreßé le front.

Si ie voulois toutes les fois qu'en terre
L'homme m'offence, eslancer mon tonnerre,
Estant tousiours de courroux animé,
En peu de temps ie serois desarmé.

Mais pour donner aux peuples vne crainte,
Souuent d'Athos ou la cyme est atteinte
Ou du Ceranne, où ie fais trebucher
Deßous mon bras la teste d'vn rocher,
Ou ie renuerse vne tour qui menace
Mon Ciel moqué de sa voisine audace,
Ou les forests dont les arbres d'autour
Sont si espais qu'ils desrobent le iour.

Ce sont les buts sur qui pere ie vise.
Les traits armez de ma colere esprise,
Ne respandant à tous coups de ma main
Mes dars de feu desur le genre humain.

Et c'est à fin que le peuple qui tremble
De voir morceaux desur morceaux ensemble
D'vn grand rocher par les champs renuersé,
Sache que Dieu là haut est courroucé,
Qu'il regne au Ciel, & qu'il darde la foudre
Et qu'en son lieu les rochers sont en poudre.

Et lors prenant exemple à ma pitié
S'entre-aimeront viuant en amitié,
Adoucissant l'ardeur de leurs courages
Sans se tuer comme bestes sauuages.

F iij

Difant ainfi il enuoya les Rois
ses chers enfans regner en tous endrois,
Et fur leur chef efpandant fa largeffe,
Aux vns donnoit vne grande richeffe,
Aux autres moindre, ainfi qu'il luy plaifoit:
Car à fon gré fon vouloir fe faifoit.

Mais par fur tous les Princes de la terre
Ayma la France, Efpagne & l'Angleterre
Les couronna de gloire & de bon-heur,
Et iufqu'au ciel en enuoya l'honneur,
Sacré berceau de Cerés la tres-belle
Qui nourrift tout de fa graffe mammelle.
Tefmoins en font Archimede, & celuy
Qui courtiZan auoit vn double eftuy,
L'vn plein de vent & l'autre de finance,
Et ce Pafteur qui fut dés fon enfance,
En Arcadie, & fur Menale vit
Pan qui fleutoit dont le fon le rauit.

Or comme on voit que les Rois en ce monde
Apres leur pere ont la place feconde,
Haut-efleuez en grandeur & en pris,
Des puiffans Rois les hommes fauoris
Par la vertu, ont la troifiefme place
Haut-efleuez defur la populace.

Ainfi que toy Cecille, dont le nom
N'eft enfermé deffous vn bas renom,
Mais en volant aux deux bouts de ton Ifle
A fait ta gloire abondante & fertille,
T'a fait du peuple & des grands bien-aimé:
Tant vault l'honneur quand il eft renommée.
Non feulement ta vine renommée
N'eft chichement de ta mer enfermée,

Mais franchissant l'Ocean des Anglois
S'est apparuë au grand peuple Gaulois,
Et fait cognoistre à mes Muses sacrées,
Pour te porter en diuerses contrées,
Et faire aller ton nom par l'vniuers:
Car ta loüange est digne de mes vers.

A IEAN GALLAND, ATRE-
BATE, PRINCIPAL DV
College de Boncourt.

MOn Galland, tous les arts appris dés
    la ieunesse
Seruent à l'artizan iusques à la
    vieillesse,
Et iamais le mestier en qui l'homme
est expert,
Abandonnant l'ouurier par l'âge ne se pert.
  Bien que le Philosophe ayt la teste chenuë,
Son esprit toutefois se pousse outre la nuë:
Plus le corps est pesant, plus il est vif & pront,
Et forceant sa prison s'en-vole contre-mont,
L'Orateur qui le peuple attire par l'oreille,
Celuy qui disputant la verité resueille,
Et le vieil Medecin plus il court en auant,
Plus il a de pratique, & plus deuient sçauant.
  Mais ce bon-heur n'est propre à nostre Poësie,
Qui ne se voit iamais d'vne fureur saisie
Qu'au temps de la ieunesse, & n'a point de vigueur.

F iiij

Si le sang ieune & chaut n'escume dans le cœur,
Sang en qui boüillonnant agite la pensée
Par diuerses fureurs brusquement eslancée,
Et pousse nostre esprit ore bas ore haut,
Comme le sang de l'homme est genereux & chaut,
Et selon son ardeur, nous trouuans d'auanture
Au mestier d'Apollon preparez de nature.

Côme on voit en Septébre aux tonneaux Angeuin
Boüillir en escumant la ieunesse des vins,
Qui chaude en son berceau à toute force gronde,
Et voudroit tout d'vn coup sortir hors de sa bonde,
Ardante impatiente & n'a point de repos
De s'enfler d'escumer, de iallir à gros flots,
Tant que le froid Hyuer luy ait donné sa force,
Rembarrant sa puissance aux berceaux d'vne escorce.

Ainsi la Poësie en la ieune saison
Boüillonne dans nos cœurs, qui n'a soin de raison,
Serue de l'appetit, & brusquement anime
D'vn Poëte gaillard la fureur magnanime!
Il deuient amoureux, il suit les grands Seigneurs,
Il aime les faueurs, il cherche les honneurs,
Et plein de Passions en l'esprit ne repose
Que de nuict & de iour ardent il ne compose:
Soupçonneux, furieux, superbe, & desdaigneux:
Et de luy seulement curieux & songneux,
Se feignant quelque Dieu: tant la rage felonne
De son ieune desir son courage aiguillonne.

Mais quand trente cinq ans ou quarante ont tiedy,
Ou plustost refroidy le sang acouhardy
Et que les cheueux blancs des cheueres apportent,
Et que les genoux froids leurs bastiment ne portent,
Et que le front se ride en diuerses façons:

Lors la Muse s'enfuit & nos belles chansons,
Pegase se tarist, & n'y a plus de trasse
Qui nous puisse conduire au sommet de Parnasse,
Nos Lauriers sont sechez, & le train de nos vers
Se presente à nos yeux boiteux & de trauers:
Tousiours quelque mal-heur en marchant les retarde,
Et comme par despit la Muse les regarde.
Car l'ame leur defaut, la force, & la grandeur
Que produisoit le sang en sa premiere ardeur.

Et pource si quelqu'vn desire estre Poëte,
Il faut que sans vieillir estre ieune il souhéte,
Prompt, gaillard, amoureux : car depuis que le temps
Aura dessus sa teste amassé quarante ans,
Ainsi qu'vn Rossignol tiendra ta bouche close,
Qui pres de ses petits sans chanter se repose.

Au Rossignol muet tout semblable ie suis,
Qui maintenant vn vers desgoiser ie ne puis,
Et falloit que des Rois la courtoise largesse
(Alors que tout mon sang bouillonnoit de ieunesse)
Par vn riche bien-faict inuitast mes escrits
Sans me laisser vieillir sans honneur & sans pris:
Mais Dieu ne l'a voulu, ne la dure Fortune
Qui les poltrons esleue, & les bons importune.

Entre tous les François i'ay seul le plus escrit,
Et iamais Calliope en vn cœur ne se prit
Si ardant que le mien pour celebrer les gestes
De nos Rois que i'ay mis au nombre des Celestes.
Par mon noble trauail ils sont deuenus Dieux,
I'ay remply de leurs noms les terres, & les cieux:
Et si de mes labeurs qui honorent la France,
Ie ne remporte rien qu'vn rien pour recompense.

FIN.

LE VERRE.

EVX que la Muse aimera mieux que
moy
(Comme vn Daurat, qui la loge chez
soy)
Dessus leur luth qui hautement resonne
Diront en vers, de la race Brinonne
Comme à l'enuy les grades & l'honneur,
Digne suiet d'vn excellent sonneur:
Moy d'esprit bas, qui rampe contre terre
Diray sans plus les loüanges d'vn Verre
Qu'vn des Brinons m'a presenté le iour
Que l'an commence à faire son retour.
O gentil Verre, oseroy-ie bien dire
Combien ie t'aime, & combien ie t'admire?
Tu es heureux & plus heureux celuy
Qui t'inuenta pour noyer nostre ennuy!
Ceux qui iadis les Canons inuenterent,
Et qui d'enfer le fer nous apporterent,
Meritoient bien que là bas Rhadamant
Les tourmentast d'vn iuste chastiment:
Mais l'inuenteur, qui d'vn esprit agile
Te façonna (fust-ce le grand Virgile,
Ou fust quelque autre, à qui Bacchus auoit
Monstré le sien, où gaillard il beuuoit)
Meritoient bien de bailler en la place
De Ganymede à Iupiter la tasse,

Et que leur verre auſſi tranſparent qu'eau

Se fiſt au ciel vn bel Aſtre nouueau.

Non, ce n'eſt moy qui blaſme Promethée

D'auoir la flame à Iupiter oſtée:

Il fiſt tres-bien : ſans le larcin du feu,

Verre gentil, iamais on ne t'euſt veu,

Et ſeulement les fougeres aiſlées

Euſſent ſeruy aux Sorcieres pelées.

Auſſi vrayment c'eſtoit bien la raiſon

Qu'vn feu venant de ſi noble maiſon

Comme eſt le ciel, fuſt la cauſe premiere,

Verre gentil de te mettre en lumiere,

Toy retenant comme celeſtiel

Le rond, le creux, & la couleur du ciel.

Toy, dy-ie toy, le ioyau delectable

Qui ſers les Dieux & les Rois à la table,

Qui aimes mieux en pieces t'en-aller

Qu'à ton Seigneur la poiſon receler:

Toy compagnon de Venus la ioyeuſe,

Toy qui guaris la triſteſſe eſpineuſe,

Toy de Bacchus & des Graces le ſoin,

Toy qui l'amy ne laiſſes au beſoin,

Toy qui dans l'œil nous fais couler le ſomme,

Toy qui fais naiſtre à la teſte de l'homme

Vn front cornu, toy qui nous changes, toy

Qui fais au ſoir d'vn Crocheteur vn Roy,

Aux cœurs chetifs tu remets l'eſperance,

La verité tu mets en euidence:

Le laboureur ſonge par toy de nuict

Que de ſes champs de fin or eſt le fruict:

Et le peſcheur qui ne dort qu'à grand' peine,

Songe par toy que ſa nacelle eſt pleine

De poißons d'or : & le dur Bucheron
Ses fagots d'or, son plant le vigneron.
   Mais contemplons de combien tu surpasses,
Verre gentil, ces monstrueuses tasses,
Et fust-ce celle horrible masse d'or
Que le vieillard Gerynean Nestor
Boiuoit d'vn trait, & que nul de la bande
N'eust sceu leuer tant sa masse estoit grande,
Premierement deuant que les tirer
Hors de la mine, il nous faut deschirer
La terre mere, & cent fois en vne heure
Craindre le heurt d'vne voute mal seure:
Puis quand cet or par fonte & par marteaux
Laborieux s'arrondist en vaisseaux,
Tout cizelé des fables poëtiques,
Et buriné de medailles antiques,
Pere Bacchus ! quel plaisir ou quel fruit
Peut-il donner ? sinon faire de nuict
Couper la gorge à ceux qui le possedent,
Ou d'irriter quand les peres decedent,
Les heritiers à cent mille procez
Ou bien à table apres dix mille excez,
Lors que le vin sans raison nous delaiße,
Faire caßer par sa großeur espaiße,
Le chef de ceux qui n'agueres amis
Entre les pots deuiennent ennemis ?
Comme iadis apres trop boire firent
Les Lapithois, qui les monstres desfirent
Demy-cheuaux. Mais toy verre ioly,
Loin de tout meurtre, en te voyant poly,
Net, beau, luisant, tu es plus agreable
Qu'vn vaißeau d'or, lourd fardeau de la table,

Si tu n'estois aux hommes si commun
Comme tu es, par miracle vn chacun
T'estimeroit de plus grande valuë
Qu'vn diamant ou qu'vne perle esluë.

C'est vn plaisir que de voir r'enfrongné,
Vn grand Cyclope à l'œuure embesongné,
Qui te parfait de cendres de fougere,
Et du seul vent de son haleine ouuriere.

Comme l'esprit enclos dans l'vniuers
Engendre seul mille genres diuers,
Et seul en tout mille especes diuerses,
Au ciel, en terre, & dans les ondes perses:
Ainsi le vent par qui tu es formé,
De l'artizan en la bouche enfermé,
Large, petit, creux ou grand te façonne
Selon l'esprit & le feu qu'il te donne.

Que diray plus? par espreuue ie croy
Que Bacchus fut iadis laué dans toy,
Lors que sa mere attainte de la foudre,
En auorta plein de sang & de poudre:
Et que dés lors quelque reste de feu
Te demeura: car quiconque a beu
Vn coup dans toy tout le temps de sa vie
Plus y re-boit, plus à de boire enuie,
Et de Bacchus tousiours le feu cruel
Ard son gosier d'vn chaud continuel.

Ie te saluë heureux Verre propice
Pour l'amitié, & pour le sacrifice:
Quiconque soit l'heritier qui t'aura
Quand ie mourray, de long temps ne voirra
Son vin ne gras ne pousse dans sa tonne,
Et tous les ans il voirra sur l'Automne

Bacchus luy rive, & plus que ses voisins
Dans son pressoüer gennera de raisins;
Car tu es seul le meilleur heritage
Qui puisse aux miens arriuer en partage.

AMOVR LOGE',

A MONSIEVR DE POVGNY
de Rambouillet.

Mour auoit d'vn art malicieux
Surpris la foudre à Iupiter son pere:
Luy qui par don à sa faute n'espere,
Pour eschapper abandonna les Cieux.

Dedans la main auoit vn pistolet
Bien esmorcé, la pierre bien assise:
L'air luy fait voye, & le vent fauorise
A ce grand Dieu qui s'enfuyoit seulet.

De l'Orient iusques à l'Occident
Vn iour entier erra de place en place:
La grande mer qui nostre terre embrasse,
Sentit combien son brandon est ardent.

La froide humeur les poissons ne defend,
Ny les forests les animaux sauuages;
Bois & rochers, riuieres & riuages
Sont enflamez d'vn si petit enfant.

Il n'espargnoit ny ieune ny grison:
Prompt à frapper, d'vn coup en blessa mille:
De bourg en bourg il va, de ville en ville.

Et peu seruoit aux hommes la raison.

Il estoit las d'errer & de tirer,
Et plus au vent ses ailes il n'allonge,
Quand sur le poinct que le Soleil se plonge,
Chercha logis voulant se retirer.

Trois quatre fois à l'embrunir du iour
Il fist sonner le marteau sur la porte:
Soudain du lict vers le bruit ie me porte,
I'entr'ouure l'huis, lors ie cognus Amour.

Vne frayeur plus froide qu'vn glaçon
Saisit mes os, ie perdis contenance:
Car dés long temps i'auois eu cognoissance,
A mon malheur de ce mauuais garçon.

N'est-ce pas toy qui fus long temps à moy,
Quand tout ton sang bouillonnoit de ieunesse,
Qui te donnay mainte belle Maistresse?
Ouure ton huis, ie veux loger chez toy:

Qui te prestay mes fleches & mes dars,
Qui te baillay tous mes secrets en garde,
Qui le premier deuant mon auantgarde
Portois l'enseigne entre tous mes soldars?

Ie luy respons, Tu ne m'es estranger:
Ie te cognois artizan de malice:
Malheureux est qui vit à ton seruice,
Et plus maudit qui te daigne loger.

Petites mains, petits pieds, petits yeux,
Oiseau leger qui voles d'heure en heure,
Sans foy, sans loy, sans arrest ny demeure,
Que la paresse a mis entre les Dieux:

Sorcier, charmeur, affeté, mesdisant,
Confit en miel & en fiel tout ensemble,
Ton coup de fleche au coup d'aiguille semble,

Petite playe, & le mal bien-cuisant.

   Tes meilleurs biens ce sont souspirs & pleurs,
Larmes, sanglots, desespoir & la rage,
Vne langueur qui trouble le courage,
Prisons, regrets, complaintes & douleurs.

   Tu perds le temps, sinet à me prier:
Va-t'en ailleurs, tel Dieu ie ne reuere:
Tu as besoin d'vn hoste plus seuere
Qui tous les iours te vueille chastier.

   Ie suis trop doux, il te faut vn Seigneur
Qui te commande & qui foule ta teste,
Qui rudement ta ieunesse admoneste:
Tu ne vaux rien sans vn vieil gouuerneur.

   Il me respond, Quelle ville est-ce cy?
Est-ce pas Blois? ie la pense cognoistre:
I'y pourroy bien pour vne nuict repaistre,
Quelque amoureux aura de moy soucy.

   Vrayment Amour, ie te voy bien puny
D'aller si tard & mendier ton giste:
Il est minuict: par-ce marche plus viste,
Monte au Chasteau, & demande Pougny.
Il est gaillard, courtois & genereux,
Il cognoist bien tes traits & ta nature:
Ce luy sera bien-heureuse auanture
Loger Amour comme estant amoureux.

   Mon cher Pougny, puis que le sort fatal
Me fait errer, loge-moy ie te prie:
Ainsi tousiours puisses-tu de l'amie
Auoir faueur sans crainte d'vn riual.

   Pougny respond, Ie reuere ton nom,
Ie suis des tiens, il faut que ie t'enseigne
Place à loger: va t'en où pend l'enseigne

Du Cheualier, le logis y est bon:
Tu trouueras en diuerse façon
Assez de lieux; car la Court n'est pas grande,
Chasque logis pour hoste te demande,
Mais le meilleur c'est l'Escu d'Alençon.

Si tout est plein, ie veux t'enseigner où
Tu logeras: & pource ne regrette
Le temps perdu, la meilleure retraitte
Qui soit icy, c'est à l'hostel d'Aniou.

Là tu auras, si tu es arresté,
Vn giste seur: mais si tu es sauuage,
Fier, desdaigneux, inconstant & volage,
N'y loge pas, tu serois mal traicté.

Ce bel hostel est enrichy d'esmail,
De perles sont les portes estofées,
Palmes, lauriers, couronnes & trofées
Pendent de rang sur le haut du portail.

D'vn tel logis le Seigneur redouté
Va couronné d'honneur & de ieunesse;
Mars & Pallas, la vertu, la prouesse,
Pour compaignie honorent son costé.

Le vicieux en ce Palais ne faict,
Comme lieu sainct, ny seiour ny sortie;
Telle maison par le Ciel fut bastie
Pour y loger vn Prince tres-parfait.

Il dist ainsi, & Amour s'en alla
Vers vous Seigneur de la terre Angeuine;
C'est vn enfant de nature maline,
Qu'en lieu d'amer Amour on appella.

Il faut le battre & le faire crier,
Rompre son arc, luy oster toutes choses,
Carquois & traicts, & de chaisnes de roses

Iambes & bras esclaue le lien.

Et si Venus apportoit en sa main
Rançon pour luy, prens le fils & la mere,
Les punissant d'vne iuste colere
Comme ennemis de tout le genre humain.

Mais s'ils vouloient tous deux abandonner,
Craignant ton nom, leurs mauuaises pensées,
Pardonne Prince à leurs fautes passées;
Vn Prince doit les fautes pardonner.

SONGE.

AV SIEVR DE LA Rouere.

'Estoit au poinct du iour (quãd les plu-
mes du Somme
Ne couuent qu'à demi les yeux lassez
de l'homme,
Quand tout ensemble on veille, &
tout ensemble on dort
D'vn œil entre-surpris du frere de la Mort)
Lors que raui d'esprit, comme vne idole vaine,
Qui sans corps sur le bord d'Acheron se promeine,
Ie me vy transporté sur le haut d'vn Rocher,
Duquel on ne sçauroit sans ailes approcher,
Ou bien sans vn esprit qui vaut mieux que les ailes,
Quand gaillard il se pousse aux choses immortelles.

Au plus haut du sommet de ce Rocher pointu,

Est vn temple d'airain qu'a basti la Vertu:
D'airain en est la porte, & par grand artifice
D'airain plus clair que verre est parfait l'edifice.

Là de tous les costeZ de ce grand Vniuers
Les peuples sont assis en des sieges diuers:
L'vn bas & l'autre haut en son rang y habite,
Et chacun a son lieu selon qu'il le merite.

Aupres d'elle est assise à son dextre costé
L'Estude, la Sueur, le Labeur indonté,
L'Honneur, la Preud'hommie, & ont pour leur voi-
sine
Andronique & Phronese, & leur sœur Sophrosyne,
Ce peuple à l'enuiron de la Nymphe espandu,
De corps d'esprit & d'ame en elle est esperdu,
Qui ne se peut souler de la voir: & l'appelle
Son cœur ses yeux son sang sa maistresse & sa belle,
Luy offre corps & biens, & tasche à desseruir
Sa grace pour l'aimer & pour la bien seruir.

La Deesse n'est pas de corps effeminée
Comme celle qui est des flots de la mer née:
Son œil est doux & fier, son soucil vn peu bas,
Son regard est semblable à celuy de Pallas.
Quand sa main est paisible, & l'horrible Bellonne
Contre les fiers Geans n'yrite sa Gorgonne.

Tant plus elle est aimée, & tant plus elle prend
Plaisir à contr'aimer, & iamais ne se rend
Que par honnesteté douceur & courtoisie
N'ait de ses poursuiuans gaigné la fantasie,
Et ne leur ait par signe & par preuue monstré
Qu'en la queste d'amour ils ont bien rencontré,
Aucunefois sur l'vn son regard elle iette,
Sur l'autre aucunefois: car elle est tant suicte-

Aux passions d'amour, que son cœur ne pourroit
Viure à son aise vn iour s'il ne s'enamouroit.

   Quand elle aime quelcun, comme maistresse douce
Le souleue aux honneurs, aux magistrats le pousse,
Luy donne entre les Rois vn honorable lieu,
Et le fait du vulgaire admirer comme vn Dieu:
Mais à ceux qu'elle hait, comme fiere ennemie,
Leur promet deshonneur, prison & infamie.

   Sur tous ses poursuiuans d'vn œil vif & ardant,
Courtoise elle t'alloit doucement regardant
Mon tres-docte Rouuere, & comme amour la touche,
Tout ainsi que le cœur elle t'ouuroit la bouche,
Te flattant de ces mots: Ami, que le troupeau
Des Muses allaita cherement au berceau
De leurs propres tetins pour future merueille:
Puis quand tu deuins grand, l'industrieuse abeille
De son miel amassé sur les fleurs du Printemps,
En l'Antre Thespien te nourrirent long temps
Où Phebus & Pithon & la belle Cythere,
Et Mercure qui est des bons esprits le pere,
Ont si bien ton mortel en diuin transformé,
Que tu fus dés enfance vn miracle estimé,
Ayant choisi Morel pour vertueuse guide,
Qui surmonte Chiron le maistre d'Eacide,

   Tu n'auois pas dix ans, qu'oyant publiquement
Tes propres oraisons soner si doctement,
Et t'oyant disputer outre ton âge tendre
Des Arts qu'ô ne sçauroit qu'en la vieillesse apprédre,
Ie fus toute rauie, & dés le mesme iour
Que ie te vy, ie mis dedans toy mon amour.
Tu t'en apperceus bien: car tousiours depuis l'heure,
Songneux, tu as cherché la place où ie demeure,

Où tu es arriué par cent mille trauaux,
Par rochers par torrens par plaines & par vaux,
Par halliers par buissons, qui les autres retiennent,
Et recreus du chemin à mon Palais ne viennent
Ainsi que tu as fait, afin d'y seiourner:
Car le soucy mondain les en fait retourner.

Au bas de ce Rocher au milieu d'vne prée
Demeure vne Deesse en drap d'or accoustrée:
Ses bras sont chargez d'or, & son col d'vn carcan,
Labeur ingenieux des feuures de Vulcan:
Son front est attrayant, sa peau tendre & douïllette,
Son œil traistre & lascif, sa face vermeillette,
Et ses cheueux ondez annelez & tressez
Sont de fueilles de Myrte & de Rose enlacez:
Sa main est molle & grasse, & son œil n'abandonne
Le sommeil paresseux que midi ne rayonne:
Au reste elle est en danse en festins & deduit,
Et rien fors le plaisir, indiscrete, ne suit,
Pompeuse, superfluë, & pour estre apparente
Elle a desia vendu le meilleur de sa rente.

Tousiours aux grands chemins en cent mille façons
Elle ourdist des filets, & tend des hameçons
De delice apastez, qu'elle en diuerse sorte
Aux gestes à la voix & aux yeux elle porte
Pour prendre les passans, si bien que le plus fin
(Sans l'aide de raison) s'y empestre à la fin:
Tant elle prend souuent ma coifure, & transformé
Son masque & sa feintise en ma naïue forme.

On dit qu'vn iour Venus sans pere la conceut,
Monstre fier & cruel, du dueil qu'elle receut
Qu'Hebé ieune Deesse espousoit en lieu d'elle
Hercule despoüillé de sa robbe mortelle:

Et auorta du part, en opprobre & desdain
Qu'Hercule desur'elle auoit mise la main,
Et luy auoit laissé au front la cicatrice
Qui descouure à chacun son nom & sa malice.

    Or ceste Volupté(ainsi se fait nommer
Celle qui veut sa vie en plaisirs consommer)
Arreste les passans, & tant elle est mignarde,
Qu'enyurez de plaisirs, de tels mots les retarde:
    O pauures abusez, que le nom de Vertu
A faussement seduits! pauure peuple vestu
D'vne robbe de boüe, à laquelle Nature
Trop chiche n'a donné sinon la pourriture:
Vous pensez-vous mortels, faire de nouueaux Dieux,
Et de terre chargez voler iusques aux Cieux?
    Laissez moy ces desseins qui ne sont que mensonges,
Que Chimeres en l'air, que fables & que songes,
Et mortels n'esperez sinon que le trespas
Qui est vostre heritage, & vous suit pas à pas.
    Quelle fureur, humains, quelle ardente manie
Vostre sotte raison si follement manie,
Que vouloir par trauail en cheueux blancs chercher
Ie ne sçay quelle femme assise en vn Rocher,
De qui le nom est vain & vaine l'entreprise?
Hé: qu'en rapportez-vous sinon la barbe grise
Pour toute recompense, ou quelque mal soudain
Qui vous fait trespasser du iour au lendemain?
En-re-pendant les ans de la ieunesse tendre
Que vous deuriez en ieux & en plaisirs despendre,
Se perdent comme vent, & ne r'animent plus
Vos corps de long'ue estude impotens & perclus.
    Si Vertu ne silloit vos yeux de piperie,
Vous cognoistrez bien tost quelle est sa menterie.

La Nature y repugne, & vous monstre combien
Vertu pipe vos cœurs sous ombre d'vn faux bien:
Celuy qui suit Nature est sage, & ne se laisse
seduire des appas de telle enchanteresse.

Qu'acquist iadis Socrate, Aristote & Platon,
Pythagore, Thales, Theophraste & Criton
Pour aimer la Vertu, fors vne renommée,
Qui sera par les ans, comme ils sont, consommée?
Dequoy sert le renom au mort qui ne sent rien?
Malheureux est celuy ce-pendant qu'il est sien,
Qu'il sent, qu'il voit, qu'il oyt, qui ne fait bonne chere
Sans consumer sa vie en penible misere.
Apres ie ne sçay quoy qu'on ne peut acquerir
Que par longue tristesse, en danger d'en mourir.

Que voirrez-vous là haut que ronces & qu'orties?
Ici vous ne voirrez que fleurettes sorties
Du sein du Renouueau: ici le beau Printemps,
La Ieunesse & l'Amour habitent en tous temps:
Ici l'homme vieillist en plaisir delectable,
Et s'en-va soul de vie ainsi que d'vne table.

De tels mots Volupté arreste les passans,
Qui mal-sains du ceruceau, ne sont assez puissans,
Ainsi que tu as fait, de se boucher l'oreille
Pour iouyr du plaisir qu'ici ie t'appareille.

Pource mon cher ami, dés enfance cognu,
Tu sois en mon Palais le plus que bien-venu,
Il faut que ie t'embrasse, & que ie te caresse,
Puis que tu as donté l'ocieuse Paresse,
Et sans auoir ouy la voix de Volupté
Par trauail & sueur tu es icy monté.

Ceste ieune rusée est si fort cautelense,
Qu'en lieu de te souler d'vne douceur mielleuse,

T'euſt preſenté du fiel, & comme à ſon amant
Donné vn freſle verre en lieu d'vn Diamant.

　Docques tu m'as aimé pour l'amour de moy-meſme
Sans eſpoir de loyer: auſſi d'amour extrême
Ie t'aime en recompenſe, & n'auras en retour,
De m'aimer de bon cœur ſinon que mon amour.

　Touſiours mes amoureux ont de moy iouiſſance:
„ Les mondains amoureux viuent en indigence
„ Deſirant la beauté, & l'homme deſireux
„ Pour n'auoir ſon ſouhait eſt touſiours mal-heureux.
Mais mon fidelle amant ſans ardeur inconſtante
Se contante de moy, de luy ie me contante:
Et ſans plus deſirer il a tant de plaiſir,
Que ie ſuis pour iamais la fin de ſon deſir.

　Pour me faire l'amour il ne faut qu'on ſe farde,
Qu'au miroir pareſſeux la face on ſe regarde,
Qu'on ſoit bien parfumé, ou qu'on ſoit bien veſtu
D'vn drap d'or par rayons à la ſoye battu,
Qu'on face des tournois, qu'on ſorte en la campaigne,
Qu'en armes on galope vn beau genet d'Eſpaigne,
Qu'on ſoit bien gaudronné: Ie ne veux point cela,
Mon amour ſeulement ſe donne à celuy-là.
Qui m'aime plus que luy, qui me ſuit à la trace,
Et de rien n'eſt ſoigneux que de ma bonne grace.

　Tel amant eſt heureux admirable & parfait,
Il ne penſe iamais ny ne dit ny ne fait
Rien dont il ſe repente, & en ſoy meſme ferme
Il eſt ſon but, ſa fin, ſon limite, & ſon terme,
Son parfait & ſon tout: quand le Ciel tomberoit,
L'eſclat ſans l'effroyer ſa teſte frapperoit.

　Tous humains accidens il deſdaigne & meſpriſe,
Il deſdaigne la flame en ſa maiſon eſpriſe,

Priſon,

Prison,terre,& argent,trahisons de valets,
Perte d'habillemens,de biens,& de Palais,
De femmes & d'enfans,& constant il se ioüe
De l'aueugle Fortune,& des tours de sa roüe.
Il n'a iamais souci du change des saisons:
Car tout enuelopé d'immobiles raisons
S'enferme d'vn rampart clos de Philosophie,
Qui messprise le Temps & Fortune desfie.
Il est riche sans biens,il vit heureusement,
Et en sa suffisance il a contentement:
Il sçait tout,il voit tout, & la lourde ignorance
Dedans son estomac ne fait point demeurance:
Il se cognoist soy-mesme,& ne doute de rien:
Sans allieurs s'esgarer il demeure tout sien,
Et nulle passion soit d'ire où soit d'enuie,
De douleur ou de peur, ne tourmente sa vie.
Tel fus le mien Socrate,& ceux qui ont grauy
Sur mon tertre espineux,où contente ie vy:
Tel tu es mon Rouere : & pource ie t'appreste
Vne triple couronne à poser sur ta teste.
Or sus embrassez-moy,tant pour auoir cest heur
Que d'estre d'vn grand Duc fidelle seruiteur
Grand Duc,le cher espous de nostre Marguerite:
Et pour-autant aussi que ta foy le merite,
Qui ne pourra iamais se separer de moy:
Car vn bon amoureux iamais ne rompt sa foy.
¶ Ainsi te dist Vertu de sa bouche vermeille:
A-tant le iour fut grand,& surce ie m'esueille.

G

A MONSEIGNEVR DE
CHEVERNY CHANCELLIER
DE FRANCE.

Eluy qui le premier du voile d'vne
    fable,
    Prudent enueloppa la chose verita-
    ble,
    A fin que le vulgaire au trauers
seulement
De la nuict vist le iour & non realement,
Il ne fut l'vn de ceux qu'vn corps mortel enserre,
Mais vn Dieu qui ne vit des presens de la terre.
    Les mysteres sacrez du vulgaire entendus,
Resemblent aux boucquets parmi l'air espandus,
Dont l'odeur se consomme au premier vent qui s'offre
Et ceux durết long temps qu'on garde dans vn coffre.
Nostre mere Nature entre les Dieux & nous,
Que fist Deucalion du get de ses caillous,
Mist la Lune au milieu qui nous sert de barriere,
A fin que des mortels l'imbecille lumiere,
S'exerce à voir la terre, & d'art audacieux
N'assemble plus les monts pour espier les Cieux.
    Pource nos deuanciers ont dit par artifice,
Qu'autrefois Iupiter receut à son seruice
Deux hommes differents de mœurs & de destin
Dont la diuerse vie eut differente fin.
Il les repeut tous deux de celeste ambrosie:

Ils auoient à sa table vne place choisie:
Rien n'estoit bon au Ciel qu'ils n'eussent approuué,
Et premiers Conseillers de son Conseil priué
Participoient ensemble à la grandeur royale.

L'vn auoit nom Minos, l'autre auoit nom Tan-
tale,
L'vn sage l'autre fol:ce Tantale effronté
Aux hommes releua des Dieux la volonté.
Pource celuy qui l'air de ses foudres separe,
Le fist tomber du Ciel au profond du Tartare,
Mourant de soif en l'eau, de faim entre le fruict.

Au contraire, Minos fut sagement instruit,
Il eut la bouche sobre: & iuge veritable
S'assit de Iupiter par neuf ans à la table.
Puis reuenu çà bas fondé de bonnes lois,
Fut Prince droiturier: si bien que les Cretois
Le voyant abonder en Iustice supresme,
Le pensoient estre fils du grand Iupiter mesme,
Voila comme les vieux ont dextrement taschê
D'emmanteler le vray d'vne fable caché.

Iupiter ne fut onc, ny Minos en la sorte
Que nos peres l'ont feint: tout cela se rapporte
Aux Rois aux Magistrats, & à leurs Conseillers
Qui gouuernent l'oreille, & sont leurs familiers.
Ta prudence, Huraut, non seruice fidelle
Ta bonne conscience, & ton Roy qui t'appelle
A l'honneur souuerain (l'ayant bien merité)
T'ont donné des François l'extreme authorité.

La France maintenant qui tes actes regarde,
Te baille nostre Prince & sa Couronne en garde:
Tu l'as comme en dotest, & de luy ce-pendant
Aux peuples ses subiects tu t'es fait respondant.

G ij

HENRY *ne faudra pas, Hurault fera la faute :*
Pource tu dois prenoir d'vne prudence caute
Quelle Ourse doit sa nef conduire par la mer.
La vague en sa faueur, ne se veut plus chalmer,
La tempeste l'a prinse, & faut beaucoup d'vsage
Pour la mener au port entiere du naufrage.

Il faut pour gouuerner vn peuple diuisé
Auoir comme tu as, l'esprit bien aduisé
Non pas à faire pendre ou rompre sur la rouë,
Getter vn corps au feu dont la flamme se iouë,
A faire vne Ordonnance, à forger vn Edit,
Qui souuent est du peuple en grondant contredit:
C'est la moindre partie où pretend la Iustice.

La Iustice (croy moy) c'est d'amender le vice,
Se chastier soy-mesme, estre iuge de soy,
Estre son propre maistre & se donner la loy.

I'aime les gens de bien qui ont ce qu'ils meritent,
Qui vers eux, vers le peuple, & vers le Roy s'aquitent,
Qui au conseil d'Estat ne viennent apprentifs,
Qui donnent audience aux grans & aux petits.

Ie n'aime point ces Dieux qui font trop grans leurs
temples,
Qui de simples mortels (trompez par faux exemples)
Veulent auant purger leurs propres passions,
Commander aux humeurs de tant de nations,
Et sans cesser de boire ainsi qu'vn hydropique,
S'en-graisser seulement, & non la République,
Harpyes de Phinée, ah? qui ne font qu'vn iour
De Zethe & Calais attendre le retour.

Ie ne sçaurois aimer l'impudente entreprise
D'vn qui cherche fortune en vne barbe grise,
Et moins vn affetté vn bateleur de Cour,

Qui la faueur mendie & suit le vent qui court:
Mais i'aime vn homme droit, non seruiteur du vice,
Qui presse sous les pieds la Court & l'auarice,
Qui mieux voudroit mourir que corrompre la loy,
Qui aime plus l'honneur qu'vn mandement de Roy,
Qui laisse à sa maison la bonne renommée,
Et non pas la richesse en vn coffre enfermée:
Au reste galland homme, & qui prend son plaisir
Quand sa charge publique en donne le loisir,
Sans vouloir par faueur aux autres faire croire,
Que la corne d'vn Buffle est vne dent d'yuoire.

Les fables ont chanté que iadis Phaëton
D'vn petit poil folet se couurant le menton,
Deceu d'vn ieune cœur qui toute chose espere,
Entreprist de guider le Coche de son pere:
Mais esblouy des rais qui sortoient du Soleil,
Veincu de trop de feu perdit force & conseil:
La bride luy coula de ses mains esperduës,
Il cheut à bras espars, à iambes estenduës,
A cheueux renuersez, & plein de trop d'orgueil,
Tomba dedans le Pò, son humide cercueil.

Autant en est d'Icare, & de ceux dont l'audace
Trop pres du grand Soleil ont esleué leur face:
S'ils n'attrempent leur vol, tousiours mal à propos
Leur plumage ciré s'escoule de leur dos.

Bien meilleure est souuent la mediocre vie
Sans pompe, sans honneur, sans embusche d'enuie,
Que de vouloir passer en grandeur le commun,
Pour se faire la fable & le ris d'vn chacun,
Et en pensant siller tous les Argus de France,
Eux-mesmes s'aueugler en leur propre ignorance.
I'ay veu depuis trente ans vn nombre d'impudens

Rapetaßeurs de loix, courtiZans, & ardens,
Qui sans honte, sans cœur, sans ame, & sans poitrine
Abboyent les honneurs à faire bonne mine.
  Ie les ay veus depuis de leur maistre mocqueZ,
Et des peuples au doigt noteZ & remarqueZ.
Car bien que la faueur qui n'a point de ceruelle,
Les pousßist en credit, le peuple qui ne celle
Iamais la verité, sifßoit de tous costeZ
Le port imperieux de leurs fronts eshonteZ;
„ C'est autre chose d'estre, & vouloir apparoist:t.
„ L'estre gist en substance, apparoir ne peut estre
„ Qu'imagination : mais en la vanité
„ Souuent l'imaginer corrompt la verité.
Beaucoup de Phaëthons se sont montreZ en France,
Dont le vol trop hautain a fraudé l'esperance.
  Des vieux siecles la fable est histoire auiourd'huy:
La fortune (croy moy) n'est pas certain appuy,
Mais la seule vertu qui les malheurs desfie,
Qui s'arme des conteaux de la Philosophie,
Qui monstre que la vie est le iouët du sort,
Et que le vray bon-heur ne vient qu'apres la mort.
  Ne vois-tu la plus part des hommes qui te suiuent,
A ta table, au chasteau ? c'est pour autāt qu'ils viuēt.
Sous ton authorité, non pour l'amour de toy.
La faueur a tousiours tels corbeaux près de soy,
D'vn visage hypocrite en mentant ils t'adorent:
Où ceux qui de bon cœur t'estiment & t'honorent,
Ne te pressent iamais, & ne veulent sinon
Qu'vn accueil de ta face, & celebrer ton nom.
  Or toy qui es nourri par la mesme prudence,
Aux affaires rompu dés ta premiere enfance,
Ne seras Phaëthon volant ainsi qu'il faut,

Moyen entre deux airs ny trop bas ny trop haut:
Et ſçauras diſcerner qui plus d'honneur merite
Ou l'homme non fardé, ou le faux hypocrite,
Ou celuy que la Muſe allaite en ſon giron,
Ou celuy qui s'engendre ainſi qu'vn potiron,
Honte de noſtre ſiecle, & d'vne ame eſhontée
A tantoſt face baſſe, & tantoſt remontée.

Ils ont de tous coſtez des Palais diaprez
Riches en leurs maiſons de rentes & de prez,
Mangeant en vaiſſeaux d'or mais ils ne peuuent faire
Qu'ils ne ſoiët (ce qu'ils ſont) remarquez du vulgaire.

Le peuple ne voit pas telles gens de bon gré:
Car ils ne ſont montez de degré en degré
Ainſi que tu-as fait, qui as dés ton ieune âge
Au conſeil des grans Rois fait ton apprentiſſage,
Sans deſrober l'honneur, d'où bien ſouuent il faut
Que le ieune ignorant trebuche d'vn grand ſault.

Voy par nos Rois paſſez les dignitez données,
Et voy leurs officiers depuis quarante années,
Tu n'en verras vn ſeul qui ait long temps duré,
Ou le peuple contre eux a touſiours murmuré,
Ou bannis de la Cour ont ſenti la diſgrace.
„ Quand la faueur ne vit, la Fortune ſe paſſe.

Il ne faut pour cela comme vn faux citoyen
Perdre force ny cœur, mais mettre tout moyen,
Artifice & ſçauoir, meſme la propre vie
Pour aider, ſecourir & ſeruir ſa patrie:
Et des preſens des Rois ne ſe faut retirer
Quand ils nous ſont donnez ſans trop les deſirer.

La France s'eſiouiſt qui tes vertus admire,
De quoy tu veux guider le cours de ſon Nauire:
En lieu de voir l'orage & les vagues s'armer

Elle espere sainct Herme apparoistre en la mer,
Elle espere sous toy se soulager de tailles,
Et plus de ses citez ne voir les funerailles,
Et que l'Eglise en paix, sans paier tant de fois,
Pri'ra comme elle doit pour l'ame de nos Rois:
Que les gens de sçauoir auront les benefices,
Les hommes vertueux les grandes des offices.
Car nostre Prince est bon, tres-iuste & tres-chrestien,
Qui fera tousiours bien s'on le conseille bien,
Vray bon pere & bon Roy de sa France loyale.
    Lors le peu d'ambroisie à la table Royale,
Tu seras le commis de nostre Iupiter,
Son prudent conseiller pour luy faire euiter
Parmi les flots mondains les rades perilleuses:
Et le mener au port des Isles bien-heureuses:
Puis comme vray Minos, par la splendeur des lois
Tu seras aussi dit le Phare des François.
    Les esprits Demi-dieux des Huraults tes ancestres,
Qui ont eu comme toy nos Princes pour leurs maistres,
Seront tous resiouis, quand ils oyront là bas
Que tu suis leurs vertus, leurs gestes & leurs pas.
Blois s'en resiouira & ton fleuue de Loire,
Et moy qui des François celebre la memoire,
Chanteray nouueau Cygne, en mes vers ta grandeur
Comme celuy qui vit ton humble seruiteur.

ORPHEE.

A IACQ. AVGVSTE
DE THOV, SEIGNEVR D'EME-
ry, Maistres des Requestes de
l'Hostel du Roy.

E chante ici , de Thou, les antiques
faits d'armes,
Et les premiers combats de ces nobles
gend'armes
Fameux Arge-Nochers , qui hardis
les premiers
Sillonnerent la mer, hazardeux mariniers.
Ie veux en les chantant me souuenir d'Orfée,
Qui auoit d'Apollon l'ame toute eschaufée,
Et qui laissant à part seiourner l'auiron,
Osa pincer la Lyre & respondre à Chiron.
Ce fut au poinct du iour que la belle courriere
Du Soleil apportoit aux hommes la lumiere,
Ouurant tout l'Orient & le semant de fleurs,
Qui tomboient de son sein en diuerses couleurs:
Quand du mont Pelion la verdoyante croupe
Apparut à Tiphys qui conduisoit la troupe.
Incontinent Tiphys commanda de ramer,
Et à coups d'auirons de renuerser la mer:
La Nauire les suit & la vague qui roüe
A l'entour du vaisseau fait escumer la proüe.

G v

A-tant ils sont entrez dans le port desiré,
La voile fut pliée, & le pont fut tiré:
Ils sautent au riuage, & des forests osterent
Le bois pour leur souper, qu'au bord ils appresterent.

Le iour s'embrunissait, & Vesper qui venoit,
Desus le grand troupeau des Astres amenoit,
Quand le pere d'Achille espoux de l'Immortelle
Thetis mist en auant vne parole telle:

Mes plus chers compagnons choisis entre les Grecs,
Leuant vn peu les yeux vous verrez ici pres
A u feste de ce mont dans vn Antre effroyable,
La maison de Chiron, Centaure venerable:
C'est luy qui la loy donne aux habitans d'ici,
Il aime la Iustice & d'elle il a souci:
Il cognoist sans faillir par longue experience
Des herbes & des fleurs la force & la puissance:
Il pousse quelquefois la Lyre & quelquefois
Il enfle le cornet, quelquefois le hautbois,
Et sa voix & sa main exerce en la Musique:
Car de l'vn & de l'autre il entend la pratique.

A peine mon enfant, mon petit Achilin,
Mon petit mignonnet, mon petit poupelin
Auoit trois ans parfaits que Thetis le desrobe,
Et de nuict le cachant dans le plis de sa robe,
A Chiron l'apporta pour auoir ce bon-heur
D'apprendre la vertu sous vn tel gouuerneur.

Ie brusle de le voir, l'amitié paternelle
Ne sçauroit plus durer sans en sçauoir nouuelle.
Allon voir le Centaure, & l'Antre, & mon enfant:
S'il vous plaist d'y venir ie marcheray deuant.

Ainsi disoit ce Duc qui le premier s'auance
Deuers l'Antre où Chiron faisoit sa demeurance.

Si tost qu'ils sont venus dedans l'Antre sacré,
Ils ont à la renuerse estendu rencontré
Le Centaure pelu, lequel pressoit la terre
De ses pieds de Cheual, appuyez d'vne pierre.

Il auoit à main dextre Achille l'enfançon,
Qui poussoit sur la Lyre vne belle chanson :
Chiron s'en resiouist, le baise & le caresse !
Et le flattant l'appelle vn vray fils de Deesse !

Si tost qu'il vit entrer dedans son Antre ombreux
Par cas inesperé ces magnanimes Preux,
Met sa main en leurs mains leur fist la bien-venuë,
Les appelle par nom, les baise, & les saluë,
Repara son manoir de tapis cramoisis,
Dedans des vaisseaux d'or versa des vins choisis,
Les fist selon leur grade asseoir & les festie
De viande de porc & de chéure rostie.

Apres que le desir de manger fust osté,
Et que le vin dernier par ordre fust gousté,
Le Centaure s'esleue, & pinceçant sa Lyre
Pour inuiter Orphée vne chason va dire :

L'homme perd la raison qui se mocque des Dieux :
Ils sont de nostre affaire & de nous soucieux,
Et du Ciel ont là haut toute force & puissance
Sur tout cela qui vit & prend ici naissance.

Iadis viuoit en Crete vn homme dont le nom,
Estoit Ligde, assez bas d'auoir & de renom,
Qui haissoit à mort la race feminine,
Comme race inutile enuieuse & maline.

Quand son espouse fut prochaine d'accoucher,
Luy dist, Ma Teletuse, autant que ie suis cher
A toy que ie cognois fidele à ma famille,
Quand tu accoucheras, si tu fais vne fille,

O v̄j

Ie te pri fans pitié qu'on la face mourir,
Et fi c'eft vn garçon qu'on le face mourir:
La charge d'vne fille eft toufiours odieufe,
Et celle d'vn garçon n'eft iamais foucieufe.
  Le foir que Teletufe eut ce commandement,
Lucine s'apparut à fon lict clairement
Auecques Bubaftis Anubis & Ofire:
Et le Dieu qui defend de fon fecret ne dire:
Et luy dist, Teletufe, il ne faut perdre cœur,
Bien que de ton mari dure foit la rigueur.
Ie n'ay pas reietté ta requefte en arriere,
I'ay tes vœux exaucez tes pleurs & ta priere:
Pourcc fans auoir peur t'affeurant fur ma foy,
Garde l'enfantement qui fortira de toy,
Ou foit fille ou foit fils. Ainfi dist l'Immortelle,
Et foudain la pauurette enfante vne femelle,
Laquelle ô Teletufe, en cachette tu fis:
Nourrir pour vn garçon, & la nommas Iphis
Du nom de fon ayeul. Or fa face fut telle,
Qu'autant elle fembloit vne ieune pucelle
Qu'vn ieune damoifeau tenant le milieu d'eux,
Et fon accouftrement eftroit propre à tous deux.
   Si toft que quatorze ans fes tetins firent poin-
      dies,
Son pere la voulut par mariage ioindre
Auec la fille Ianthe, Ianthe dont les yeux
S'eftoient de mille amans rendus victoireux
Il s'ent'raimoient tous deux, mais d'vne amour di-
      uerfe :
O que tu es Venus, vne dame peruerfe
Qui fais en accordant deux cœurs def-accorder!
   Vne vierge aime l'autre & ne peuuent s'aider,

Leur sexe le défend : puis nulle créature
Ne peut forcer soy-mesme & les loix de nature.

Deux ou trois iours deuant qu'il fallust espouser,
Le pauure financé ne pouuoit repouser,
Et disoit à par-soy : Que ie suis miserable !
Fut-il oncques amour à la mienne semblable ?
Amour fait vne espreuue en moy d'vn nouueau feu,
Feu qui n'auoit iamais en son regne esté veu.
Le soucy qui me tient est monstrueux prodige :
Le vouloir de mon pere à Ianthe m'oblige,
Nature m'en absoult. las ! & puis que les cieux
Me furent en naissant ennemis enuieux
Me faisant vne femme, ils deuoient tout sur l'heure,
M'enuoyer au riuage où Cerbere demeure.
Vne pucelle m'aime, ô cruauté d'aimer !
Et pucelle ne puis sa flame consommer.

Tu exerces Amour, sur mon cœur ta malice,
On ne voit qu'vne vache aime vne autre genice,
La iument la iument, la brebis la brebis :
La biche n'aime point l'autre biche : & ie suis
Seule pucelle au monde aimant vne pucelle,
Forçant la maiesté de la loy naturelle.

Las ! ie suis d'vn païs où les monstres ont lieu,
Iadis Pasiphaé la fille de ce Dieu
Qui conduit par le ciel le beau cours de l'année,
S'enflama d'vn Toreau d'amour desordonnée.

Mais s'il faut dire vray, de cela qu'elle aimoit
Elle espe oit iouyr l'ardeur qui l'enflamoit,
Promettoit guarison à sa peste enragée :
Aussi de sa fureur elle fut soulagée.

Mais quand pour mon secours Dedale retien-
droit,

G vij

Mon sexe feminin changer ne se voudroit
En celuy d'vn garçon, & son art inutile.
Ne pourroit transformer ma nature debile,
Que veux-tu dire Iphis? change de pensement,
Ne te laisse tromper d'amour si sottement:
Chasse moy loin ce feu que tu ne peux esteindre,
Et n'espere monter où tu ne peux atteindre.
Ce que tu es regarde, ô pauure fille, & mets
En vn lieu concedé tes amours desormais:
Ne t'enfle point le cœur d'esperance incertaine,
Car apres aussi bien l'effet la rendroit vaine.

    Las! ne vois-tu pas bien que rampart ny chasteau,
Ny rocher ny forest ny abondance d'eau,
Ny la crainte d'vn pere ou la garde d'vn frere,
La suite d'vne sœur, le presche d'vne mere
Ne t'empeschent d'aimer & de iouyr du bien
Que Nature plus forte empesche d'estre tien?
Les Cieux , bien que cruels, m'ont fait naistre tres-
        belle,
Mon pere à mon desir ne se monstre rebelle,
De rien sinon du mien mon cœur n'est desireux,
Et toutefois helas! il ne peut estre heureux:
Nature ne le veut, qui la misere egale
Me fait souffrir ici du babillard Tantale:
Ie meurs de soif en l'eau & si l'eau ne me fuit,
Et de faim au milieu des pommes & du fruit.

    Ianthe d'autre part non moins passionnee
Qu'Iphis de iour en autre appelloit Hymenee,
La pronube Iunon, & beau coup luy tardoit
Que la torche nopciere à la porte n'ardoit:
Mais au contraire Iphis contrefait la malade,
Elle ferme sa chambre, elle a la couleur fade

Iaune comme safran: le sourcil & le front
Tombez sur le menton de tristesse luy sont.

   Apres auoir long temps vsé de ses desfaites,
Dissimulant son mal par langueurs contrefaites,
Plus ne restoit qu'vn iour qu'on les deuoit lier,
Et solennellement ensemble marier,
Quand Teletuse ostant l'ornement de sa teste
Vint au temple d'Isis, & sist ceste requeste,
Sa fille la suiuant: O Déesse, qui tiens
Et Memphis & Pharos, & toy fleuue qui viens
Par sept portes ouuert au sein de la marine,
Preste moy ton oreille exorable & benine:
I'ay suiui ton conseil, par toy seule i'ay fait
(Si forfait il y a) l'equitable forfait,
Ma fille n'en peut mais, ô puissance tres haute:
Si malheur en auient à nous en est la faute,
A toy de commander & à moy d'obeir!
» Les Dieux qui sont benins, ne voudroient pas tra-
    hir
» Par leur commandement l'humaine creature:
» Leur parole autrement ne seroit qu'vne iniure!
   Ainsi dit Teletuse; & le Temple immortel,
Le Cistre les flambeaux les Portes & l'Autel
S'esmeurent tout d'vn coup, signe que la Déesse
Vouloit comme certaine accomplir sa promesse.
   Hors du temple sortie à peine n'estoit pas
La mere quand Iphis la suit d'vn plus grand pas
En lieu d'vn teint vermil vne barbe follette
Cottonne son menton, sa peau tendre & doüillette
Deuint forte & robuste, & la masle vigueur
Luy eschaufa le sang les membres & le cœur:
Ses cheueux sont plus cours que de coustume: & sont

En lieu d'vne pucelle elle deuint vn homme.

A-tant se teut Chiron,& d'vne autre façon
Orphée en souspirant commence vne chanson:
Que ie serois heureux si iamais Hymenée
Ne m'eust en mariage vne femme donnée!
Le regret de ma femme est cause que les pleurs
M'accompaignent les yeux & le cœur de douleurs.

Vn iour qu'elle fuyoit l'amoureux Aristée,
Le long d'vne prairie en vn val escartée,
Elle fut d'vn Serpent qui vers elle acourut,
Morse dans le talon dont la pauure mourut.
Apres que le troupeau des Nymfes l'eut gemie
Clochant elle descend toute pale & blesmie
Là bas dans les Enfers: & moy sous vn rocher
Voyant le Soleil poindre & le voyant coucher,
Sans cesse ie pleurois soulageant sur ma Lyre,
Bien que ce fust en vain,mon amoureux martyre.

A la fin desireux de retrouuer mon bien,
Desesperé ie saute au creux Tenarien,
J'entray dans le bocage effroyable de crainte:
Ie vy les Manes vains qui ne volent qu'en feinte,
Et le cruel Pluton des hommes redouté,
Et sa femme impiteuse assise à son costé,
Dure,fiere,rebelle,impudente,inhumaine!
Dont le cœur n'est flechi par la priere hymaine:
Vers Pluton ie m'adresse,& remply de souci,
Ayant la Lyre au poing ie le supplie ainsi.

O Prince qui par sort es Roy de ce bas monde,
Où desce d'tout cela que Nature feconde
A conceu de mortel! ô Prince l'heritier
De tout genre qui vit dedans le monde entier,
Ie ne viens pas ici pour enchaisner Cerbere.

Et pour voir les cheueux de l'horrible Megere:
Ma femme qu'vn serpent a morse dans le pié,
Me fait venir vers toy pour y trouuer pitié.

I'ay long temps differé vn si fascheux voyage,
Mais Amour a veincu mes pieds & mon courage:
C'est vn Dieu qui là haut est bien cognu de tous,
Et ie croy qu'ici bas il est aussi de vous,
Et comme nous en l'ame auez receu sa playe,
Si l'histoire qu'on dit de Proserpine est vraye.

Pour ce ie te suppli' par ces lieux pleins d'effroy,
Par ce profond Chaos, par ce silence coy,
Par ces images vains, redonne moy ma femme,
Et refile à sa vie vne nouuelle trame:
Toute chose t'est deuë, & le cruel trespas
Aussi bien à la fin nous ameine çà bas:
Nous tendons tous ici, & ta grand Court planiere
Qui reçoit vn chacun est la nostre derniere,
„Et ne se faut challoir mourir en quelque endroit;
„Car pour venir à toy le chemin est tout droit.

Donques, ô puissant Roy, si onques Proserpine
Par vne douce amour t'eschaufa la poitrine,
Redonne moy ma femme: apres qu'elle aura fait
Le cours determiné de son âge parfait,
A toy s'en reuiendra: ma requeste n'est grande,
Sans plus vn vsufruict pour present ie demande.

Ou bien si les rochers t'enuironnent le cœur,
Si tu ne veux cruel alleger ma langueur,
Si tu es, comme on dit, vn Prince inexorable,
Ie veux mourir ici sur ce bord miserable:
Ie ne veux retourner sans ma femme, & tu peux,
Ici te resiouir de la mort de tous deux.

Faisant telle oraison, les ames sont venuës

Ainsi que gresillons greslettes & menuës,
Pepier à l'entour de mon Luth qui sonnoit,
Et de son chant piteux les Manes estonnoit.
La Parque que iamais pleurer on n'auoit reuë,
Escoutant ma chanson à pleurer fut esmeuë:
Tantale n'eut souci de sa punition,
Sisyphe de son roc, de sa roüe Ixion:
En repos fut la cruche & la main des Belides,
Et dit-on que long temps des fieres Eumenides
La face en larmoyant de frayeur se pallit,
Tant n'a douce chanson le cœur leur amollit!

   Pluton qui eut pitié d'vn mary si fidelle,
Me redonna ma femme à condition telle
Que ie ne tourneroi en arriere mes yeux,
Tant que i'eusse reueu la clairté de nos Cieux.

   Vn sentier est là bas tout obscur & tout sombre,
Entremeslé de peur & de frayeur & d'ombre:
Par ce chemin ie sors, & ia presque i'auois
Passé le port d'Enfer, les rues & le bois
Quand las! veincu d'amour ie regarde en arriere,
Et mal caut ie iettay sur elle ma lumiere,
Faute assez pardonnable en amours, si Pluton
Sçauoit helas! que c'est que de faire pardon.

   Là mon labeur fut vain s'escoulant en risee,
Là fut de ce Tyran la promesse brisee:
Ie voulois l'embrasser, quand sa piteuse vois
Comme venant de loin i'entendy par trois fois:
Quel malheureux destin nous perd tous deux enseble?
Quelle fureur d'amour nostre amour des-assemble?
Pour m'estre trop piteux tu m'as esté cruel,
Adieu mon cher espoux d'vn adieu eternel,
Le destin me r'appelle en ma place ancienne,

Et mes yeux vont noüant en l'onde Stygienne.
Or adieu mon amy! ie remeurs de rechef,
Vne nuict ombrageuse enuironne mon chef.

  Par trois fois retourné ie la voulu reprendre,
Et l'ombre par trois fois ne me voulut attendre
Le desrobant de moy, & s'en-vola deuant
Comme vn leger festu s'en-vole par le vent.
Helas, qu'euffay-ie fait! de quelle autre priere
Euffay-ie peu flechir Proserpine si fiere!
Ma pauure femme estoit desia de l'autre bord,
Et le Nocher d'Enfer ne m'offroit plus le port.
Ie fus sept mois entiers sous vn rocher de Thrace
Pres du fleuue Strymon couché contre la place,
Pleurant sans nul confort, & souspirant dequoy
Ie n'estois retourné la demander au Roy.
Làs (disois-ie à par-moy) que ie suis miserable!
Apres auoir trouué Pluton si fauorable,
Ie deuois retourner pour chanter deuant luy:
Et s'il n'eust eu pitié de mon extreme ennuy,
Ie deuois ennoyer mon ame despitée
Hors de ce pauure corps sous l'onde Acherontée,
Et noyer deffous l'eau mon corps & mon soucy,
Pour ne languir en vain si longuement ainsi.

  De iour en iour suiuant s'amenuisoit ma vie,
Ie n'auois de Bacchus ny de Cerés enuie,
Couché plat contre terre, & de moy ne restoit
Qu'vne voix qui ma femme en mourant regrettoit:

  Quand oyant d'Helicon ma plainte si amere
Auecques ses huit Sœurs voicy venir ma mere
Qui me leua de terre, & repouffa la Mort
Qui desia de mon cœur auoit gaigné le fort.

  Mon fils, ce me disoit, l'amour qui est entrée

Dans ton cœur, se doit perdre en chãgeant de contree.
,, En trauersant la terre & en passant la mer
,, Tu perdras le soucy qui vient de trop aimer.
   Pource, si le desir de loüange t'anime,
Resueille la vertu de ton cœur magnanime,
Et suy les nobles Preux qui loin de leur maison
S'en-vont dessur la mer compagnons de Iason.
   Ainsi pour mon profit me disoit Calliope,
Ainsi fuyant mon mal ie vins en ceste trope:
Non tant pour voir la mer ses vents & ses poissons,
Que pour guarir mon mal, & ouïr tes chansons.
   A-tant se teut Orphé les animaux sauuages
Erroient deuant la porte: oyseaux de tous plumages
Voletoyent desur luy, & les Pins qui baissoient
Les testes pour l'ouyr deuant l'Antre dansoyent,
Tant leur plaisoit le son d'vne si douce Lyre,
Que depuis dans le Ciel les Dieux ont fait reluire.
   De Thou mignon des Cieux, en te voulant donner
L'honneur que ie te doy, toy qui peux estonner
De tes vers excellens les vers du premier âgce
I'honore de ton nom mon nom & mon ouurage.

Fin du II. Bocage.

TABLE DV I. ET
II. Bocage Royal,

Out le cœur me debat
d'vne   fol.5
Si l'honneur de porter
deux.   16
A vous race de Rois,Prince.   23
Nos peres abusez,   29
La victime estoit preste.   35
Les Parques,qui leur chef.   46
Leuant les yeux au Ciel.   49
Au grand Hercule animé de.   55
Si les souhaits des hommes.   62
Mon cœur esmeu de merueilles.   68
Vous Empereurs,vous Princes.   79
I'ay procés intenté.   83
Le petit Aigle apres auoir esté.   90
Ton bon conseil,ta prudence.   94
Royne qui de vertus passes.   99
Comme vne belle & ieune.   109
Ce Dieu qui se repaist.   114
Ou soit que les marests de.   118

Docte Cecille, à qui la.   121
Mon Galland, tous les arts.   127
Ceux que la Muse aimera.   130
Amour auoit d'vn art.   134
C'estoit au poinct du iour.   138
Celuy qui le premier du voile.   146
Ie chante icy, de Thou.   153

Fin de la Table.

www.ingramcontent.com/pod-product-compliance
Lightning Source LLC
Chambersburg PA
CBHW060801110426

42739CB00032BA/2355